VOYAGE

À LA

CÔTE ORIENTALE D'AFRIQUE

PENDANT L'ANNÉE 1866

Par le R. P. HORNER

MISSIONNAIRE APOSTOLIQUE
DE LA CONGRÉGATION DU SAINT-ESPRIT ET DU SAINT-CŒUR DE MARIE
SUPÉRIEUR DE LA MISSION DE ZANZIBAR

ACCOMPAGNÉ DE DOCUMENTS NOUVEAUX SUR L'AFRIQUE

PAR

Mgr GAUME

Protonotaire apostolique

PARIS

GAUME FRÈRES ET J. DUPREY, ÉDITEURS

3, RUE DE L'ABBAYE, 3

1872

Chez les mêmes Éditeurs

CORBEIL, typ. et stér. de CRÉTÉ FILS.

VOYAGE

A LA

CÔTE ORIENTALE D'AFRIQUE

PENDANT L'ANNÉE 1866

PROPRIÉTÉ

CORRESPONDANTS-DÉPOSITAIRES

EN FRANCE

ANGERS,	Barassé.	LYON,	Josserand.
—	Lainé frères.	LE MANS,	Le Guicheux.
ANNECY,	Burdet.	LIMOGES,	Bussadari.
ARRAS,	Sueur.	MARSEILLE,	Ve Chauffard.
BESANÇON,	Turbergue.	—	Crespin.
BLOIS,	Dezairs.	MONTPELLIER,	Calas.
BORDEAUX,	Chaumas.	—	Séguin.
—	Coderc.	MULHOUSE,	Perrin.
BOURG,	Martin Bottier.	NANTES,	Mazeau.
BOURGES,	Dilhan.	—	Libaros.
BREST,	Lefournier.	NANCY,	Thomas.
CAEN,	Chenel.	—	Vagner.
CARCASSONNE,	Gadrat.	ORLÉANS,	Blanchard.
CHAMBÉRY,	Perrin.	POITIERS,	Bonamy.
CLERMONT-Fd,	Servoingt.	REIMS,	Raive.
—	Bellet.	RENNES,	Hauvespre.
DIJON,	Gagey.	—	Verdier.
LANGRES,	Dallet.	ROUEN,	Fleury.
LILLE,	Quarré,	TOULOUSE,	Ferrère.
—	Béghin.	—	Prival.
LYON,	Briday.	TOURS,	Catlier.
—	Girard.		

A L'ÉTRANGER

AMSTERDAM,	Langenhuysen.	LONDRES,	Burns et Oates,
BOIS-LE-DUC,	Bogaerts.	LOUVAIN,	Peeters.
BRÉDA,	Van Vees.	—	Desbarax.
BRUGES,	Beyaert Defoort.	MADRID,	Bailly-Baillière.
BRUXELLES,	Goemaere.	—	Tejado.
DUBLIN,	Dowling.	MILAN,	Besozzi.
FRIBOURG,	Herder.	MONTRÉAL,	Rolland.
GENÈVE,	Duraford.	PÉTERSBOURG,	Wolff.
—	Grosset.	ROME,	Merle.
GÊNES,	Fassi-Como.	TURIN,	Marietti.
LIÈGE,	Spée-Zelis.	VIENNE,	Gérold et fils.
LEIPZIG,	Dürr.		

CORBEIL. — TYP. DE CRÉTÉ FILS.

VOYAGE

A LA

CÔTE ORIENTALE D'AFRIQUE

PENDANT L'ANNÉE 1866

Par le R. P. HORNER

MISSIONNAIRE APOSTOLIQUE
DE LA CONGRÉGATION DU SAINT-ESPRIT ET DU SAINT-CŒUR DE MARIÉ
SUPÉRIEUR DE LA MISSION DE ZANZIBAR

ACCOMPAGNÉ DE DOCUMENTS NOUVEAUX SUR L'AFRIQUE

PAR

Mgr GAUME

Protonotaire apostolique

PARIS

GAUME FRÈRES ET J. DUPREY, ÉDITEURS

3, RUE DE L'ABBAYE, 3

—

1872

AVANT-PROPOS

Nous avons annoncé, dans la petite histoire de *Suéma*, la publication prochaine d'un ouvrage plus étendu sur l'Afrique orientale, séjour actuel de la jeune orpheline.

Par les nombreux détails qu'il renferme sur un vaste pays, à peine connu des Européens, sur les tribus qui l'habitent, sur leurs mœurs, sur leur manière de vivre, sur les difficultés et les périls rencontrés à chaque instant par l'intrépide explorateur, qui le premier a pénétré dans l'intérieur de certaines terres, cet ouvrage offre l'intérêt le plus varié et le mieux soutenu.

Toute l'Europe admire le courage des rares voyageurs tels que Caillé, Backer , Speke, Decken, Livingstone, du Chaillou, qui , pour découvrir les sources de certains fleuves, l'existence de certaines villes, la position de certaines contrées de la mystérieuse Afrique, se sont lancés dans ces régions inhospitalières, soit avec quelques compagnons seulement, armés comme eux de pied en cap, soit à la tête de puissantes caravanes, organisées à grands frais. Publiées dans les différentes langues de l'Europe, les relations de leurs voyages ont été accueillies avec faveur et lues avec avidité.

A moins d'un mécompte que rien ne fait prévoir, le récit que nous publions sera lu, nous en avons la confiance, avec un intérêt égal et un profit plus grand. La même admiration est acquise d'avance au missionnaire catholique qui, seul et sans autre défense que sa croix de bois et son bâton de pèlerin, affronte les mêmes difficultés, brave les mêmes périls et expose généreusement sa santé et sa vie pour découvrir, non des rivières, des villes ou des montagnes, mais des peuples à sauver.

Tel est le révérend père Horner et tel est son ouvrage. De ce dernier il nous est permis de faire l'éloge, puisqu'il n'est pas de nous. A part quelques chapitres, de nature à augmenter l'intérêt et l'utilité du livre, nous n'en sommes que l'éditeur.

Puisse ce *Voyage*, comme *l'Histoire de Suéma*,

éveiller en faveur de la malheureuse Afrique les sympathies de tous les cœurs généreux ! C'est le moyen de mettre, enfin, un terme aux calamités sans nombre, sans exemple et sans nom, qui pèsent encore sur la terre de Cham.

VOYAGE

A LA

CÔTE ORIENTALE D'AFRIQUE

CHAPITRE PREMIER

L'AFRIQUE.

État moral et matériel de l'Afrique. — Étendue. — Population.
— Compassion qu'elle inspire. — Le prêtre Nicolas Olivieri.
— Le père Libermann, fontateur de la congrégation du Saint-
Cœur de Marie.

Des cinq parties du monde, l'Afrique est sans
contredit la plus malheureuse et la plus abandonnée. Peuplée après le déluge, par Cham[1], second fils de Noé, elle est encore sous le poids de
l'anathème paternel. Par respect pour la bénédiction que Dieu avait donnée à Cham, ainsi qu'à ses
frères, le saint patriarche ne voulut pas maudire
Cham lui-même. Il le maudit dans la personne
de son fils Chanaan, disant : « Maudit soit Cha-

---

[1] *Gen.*, ix et x, avec le comment. de Cor. à Lapide.

naan, il sera pour ses frères, l'esclave des esclaves[1]. »

Un fils, condamné à être esclave chez ses propres
frères, l'esclave de tous, le dernier des esclaves,
et cela pendant des siècles et des siècles : quelle
leçon de respect pour l'autorité paternelle! Il faut
ajouter que cette leçon n'est pas encore oubliée.

Écoutons un savant voyageur qui vient d'explo-
rer l'Afrique : « Le nègre a une conscience presque
touchante de son infériorité. Cette conscience re-
pose sur une tradition vraie, bien qu'un peu alté-
rée. « Au Mozambique, chez la puissante peuplade
des *Maknas*, elle dit que dans le principe les Africains étaient aussi blancs et aussi intelligents que
les Européens.

« Mais un jour *Maluka* (le bon Dieu), s'étant eni-
vré, tomba dans le chemin, les vêtements en désor-
dre. Les Africains qui passaient le raillèrent de sa
nudité. Les Européens, au contraire, eurent pitié
de lui. Ils cueillirent des fleurs et l'en couvrirent
respectueusement : aussi Dieu punit-il les Africains.

« La même tradition existe en *Guinée* et dans l'intérieur du Continent. Partout les nègres se déclarent
déshérités et sous le coup d'une malédiction divine [2].

---

[1] Maledictus Chanaan, servus servorum erit fratribus suis.
Gen., XI, 25. Quelques interprètes voient dans ces paroles plutôt une prophétie qu'un anathème; il nous semble mieux de dire
que c'est un anathème prophétique.

[2] L'*Afrique nouvelle*, par Alfred Jacobs. Paris, 1863.

Jamais malédiction n'a été plus visiblement exécutée. La couleur noire des descendants de Chanaan atteste encore que leur race a été primitivement sillonnée par la foudre. D'une part, la couleur du nègre est inexplicable à la science; d'autre part, jamais on ne prouvera que Noé ait eu deux fils blancs et un noir.

Le châtiment divin est d'ailleurs confirmé par un fait éternellement historique. De tout temps, l'Afrique a été, elle est encore le pays des esclaves et comme la terre classique de l'esclavage. C'est là que les descendants de Sem et de Japhet, sont toujours allés s'approvisionner de marchandise humaine.

Encore aujourd'hui, depuis le canal de Mozambique jusqu'au Caire et ailleurs, les marchés aux esclaves sont en pleine activité. Là, se voient chaque jour d'énormes agglomérations d'enfants, d'hommes faits, de femmes, de jeunes filles, qui, par l'état d'abrutissement où ils sont plongés, ressemblent à une pâte humaine, sordide, infecte, mais où vivent des milliers d'âmes rachetées du sang de Jésus-Christ.

L'Afrique est le pays du fétichisme, c'est-à-dire de la plus grossière idolâtrie. Là, des milliers de créatures humaines adorent, le front dans la poussière, le plus odieux de tous les êtres, le serpent, le serpent vivant, le serpent en chair et en os, abrité dans des temples et servi par des prêtres et des prêtresses.

L'Afrique est le pays des sacrifices humains, ou plutôt inhumains, dans lesquels on immole chaque année des milliers de victimes humaines.

L'Afrique est le pays où les guerres de tribus à tribus sont en permanence ; où la chasse aux hommes se fait, comme dans nos pays, la chasse aux bêtes ; où les instincts de cruauté sont tels, que les uns boivent le sang de leurs troupeaux et les autres se nourrissent de chair humaine.

L'Afrique est le pays des bêtes féroces les plus redoutables, le pays des grands lions, des tigres, des panthères, des léopards, des rhinocéros, auxquels il faut joindre les crocodiles et les plus affreux serpents.

L'Afrique est le pays des reptiles et des insectes de mille espèces différentes , plus incommodes , plus venimeux, plus destructeurs les urs que les autres. Citons seulement ces nuées de sauterelles, tellement larges et tellement épaisses qu'elles obscurcissent l'horizon à plusieurs lieues d'étendue. Il faut ajouter, et tellement ravageuses que, tombant sur la terre, comme les avalanches du haut des montagnes, elles dévorent en quelques instants toutes les herbes des prairies, toutes les feuilles des arbres, et ne laissent après elles que la désolation, la famine et la peste.

L'Afrique est le pays des vastes déserts aux sables mouvants, que des vents affreux soulèvent comme les vagues de la mer et qui, en retombant, engloutissent les caravanes, les habitants et leurs cases.

L'Afrique, située en grande partie dans les limites de la zone torride, est le pays des chaleurs dévorantes et des fièvres meurtrières.

Dans de pareilles conditions, morales et matérielles, on comprend que l'Afrique, surtout l'Afrique centrale, inhabitable pour les Européens, est la partie du monde la moins connue, la plus malheureuse et la plus abandonnée. En effet, c'est à peine si quelques intrépides voyageurs ont réussi, dans de rapides excursions et en bravant mille périls, à visiter certaines parties de l'intérieur des terres.

Cependant, l'Afrique tient une large place sur le globe. Elle ne mesure pas moins de 1,875 lieues de longueur, sur 1,750 de largeur ; et, d'après les calculs qui approchent le plus de la vérité, elle compte de 90 à 100,000,000 d'habitants.

La malheureuse terre de Cham restera-t-elle toujours dans son abjection ? Il répugne à le croire. Disons plutôt que l'heure de sa délivrance va sonner. La Providence qui, depuis bientôt un siècle, lève peu à peu l'anathème, dix-huit fois séculaire, qui pèse sur la race juive, semble aussi vouloir mettre un terme aux terribles effets de la malédiction qui a frappé la race de Chanaan.

Dans ces derniers temps, Dieu a suscité des hommes remplis de son esprit et dont le cœur s'est profondément ému à la vue de tant de misères à secourir, et de tant d'âmes à sauver.

Le premier qui se présente, par ordre de date, est le prêtre génois, Nicolas Olivieri. Depuis 1838, jusqu'en 1864, époque de sa mort, ce saint homme consacra sa fortune et sa vie au rachat des enfants nègres. Accompagné de sa pieuse et héroïque servante, on le vit traverser vingt-six fois la Méditerranée, pour se rendre des côtes d'Italie aux marchés d'Alexandrie et du Caire.

Négociant d'un nouveau genre, il achetait de jeunes esclaves qu'il amenait en Europe et plaçait dans les maisons religieuses. Grâce à lui, plus de huit cents petites négresses ont dû le double bonheur d'être délivrées de l'esclavage et faites par le baptême les enfants de Dieu. Plusieurs sont mortes en odeur de sainteté; d'autres sont devenues des religieuses, admirables de piété et de dévouement.

L'œuvre du vénérable prêtre était, en petit, la résurrection de l'œuvre des grands ordres religieux du moyen âge : l'ordre de *Notre-Dame de la Merci*, et l'ordre de la *Très-Sainte Trinité, pour le rachat des captifs*. Qu'il en fût ainsi, tel était le pressentiment de l'homme de Dieu.

Dans une relation publiée sur sa charitable entreprise, il disait : « Qui donc ne s'empressera de concourir à une œuvre, laquelle, si je ne me trompe, paraît destinée à perpétuer dans la chrétienté le but de l'ordre de la *Très-Sainte Trinité?* »

Ce pressentiment n'était pas trompeur. Avant sa mort, Olivieri eut la consolation de voir les religieux

Trinitaires adopter et continuer son œuvre. Cette substitution a été accompagnée de circonstances que nous raconterons bientôt, parce qu'on y découvre clairement l'intervention de la divine Providence.

Avant qu'elle eût lieu, le Seigneur avait tiré des trésors de sa miséricorde, celui qu'on peut appeler le véritable rédempteur de la race noire, soit en Afrique, soit dans les colonies : nous avons nommé le vénérable père Libermann, mort à Paris, le 2 février 1852. Une fois de plus, ce nouvel apôtre a vérifié dans sa personne la grande loi de la Providence, qui aime à choisir ce qu'il y a de plus faible, pour accomplir les choses les plus difficiles.

Né au sein du judaïsme, atteint pendant de longues années d'une maladie terrible, sans fortune, sans talents supérieurs, sans appui humain; mais riche d'une humilité profonde, d'une rare confiance en Dieu, d'un courage à toute épreuve et d'une charité sans limites pour les pauvres populations africaines, le père Libermann comprit sans peine que des efforts isolés ne donneraient jamais que de faibles résultats, insuffisants pour conduire à la régénération de la race noire. Par quelle voie y parvenir?

Comme celui de saint Paul, à la vue d'Athènes idolâtre, le cœur du jeune lévite palpitait, et ses yeux se remplissaient de larmes à la pensée de tant

de millions d'âmes abandonnées, et auxquelles d'é-
normes difficultés morales et matérielles empê-
chaient de porter secours [1]. Cependant monsieur
Libermann, miraculeusement guéri, avait pu être
admis au sacerdoce.

Après avoir longtemps prié, comme les saints
savent prier, ses vœux furent exaucés : des prêtres
dignes de lui entrèrent dans ses vues. Sous sa direction, ces hommes apostoliques devinrent les éléments d'une famille religieuse, spécialement dévouée à l'évangélisation de la race noire et décidée
à tout entreprendre pour la sauver, sous quelque
climat qu'elle habite.

Nous avons nommé la *Congrégation du Saint-
Cœur de Marie*, modèle des vertus religieuses et de
dévouement au Saint-Siége. Depuis plus de vingt
ans, cette Congrégation, unie à celle du *Saint-
Esprit*, travaille avec un courage héroïque et un
succès toujours croissant, à la grande œuvre entreprise par son vénérable fondateur.

Sont venues ensuite d'autres fondations, également destinées à la conversion des nègres. Tels
sont en particulier le Séminaire établi à Vérone,
pour donner des missionnaires au Sahara et au
Soudan Oriental, ainsi que le Séminaire des Missions Africaines, dont Lyon est redevable à Mon-

---

[1] Incitabatur spiritus ejus in ipso, videns idolatriæ deditam
civitatem. Act., xvii, 16.

seigneur Marion de Brésillac, trop tôt victime de son zèle.

En décrivant le siége catholique de l'Afrique, nous verrons la place occupée par les courageux apôtres, sortis de ce double Cénacle.

CHAPITRE II

LE SIÉGE CATHOLIQUE DE L'AFRIQUE.

Grandeur et beauté de l'entreprise. — Ligne de circonvallation. — Noms des assiégeants. — Détails particuliers sur les religieux Trinitaires. — Plan d'attaque.

Dans le monde on appelle grand, le guerrier qui par ses victoires réussit à s'emparer de vastes provinces et à soumettre à son empire des milliers de créatures humaines. A quel prix est achetée une pareille gloire? Celui-là peut répondre qui aura compté les carnages, les incendies, les injustices, les ravages de tout genre qui précèdent, qui accompagnent et qui suivent la marche bruyante des conquérants. Et puis, soumettre l'homme à l'homme, quel bénéfice pour l'humanité, quel accroissement de dignité, de lumières et de bonheur digne de ce nom?

Marcher à la conquête d'immenses contrées, malgré des difficultés sans nombre, y marcher sans verser d'autre sang que celui des conquérants eux-mêmes, y marcher sans autre intérêt que d'arracher au despotisme de l'antique tyran du genre humain, des millions de frères, pour en faire des enfants de Dieu : une pareille entreprise n'est-ce pas la grandeur et la gloire élevées à leur plus haute puissance?

Tel est le siége catholique de l'Afrique.

Avec un courage, une intelligence et surtout un ensemble inconnus jusqu'ici, nous voyons se développer cette vaste entreprise. Pour en avoir une idée, jetons un coup d'œil sur la ligne de circonvallation dont elle enveloppe la péninsule africaine. Si nous faisons le tour de l'Afrique, en commençant par le nord, voici le tableau qui se présente à nos yeux.

Grâce à notre conquête, l'Algérie compte aujourd'hui un archevêché, deux évêchés et un bon nombre d'établissements catholiques.

En descendant la *côte occidentale* de l'Afrique, nous rencontrons, après celle du Maroc, les missions du Sénégal, de la Sénégambie, de Dakar, de Gorée, de Sierra-Léone, du Gabon, des deux Guinées, du Congo, du Dahomey, d'Annobon, Corisco, Fernando-Po, et d'autres encore.

Au *midi*, voici les trois missions du Cap et de Port-Natal.

En remontant la *côte australe et orientale*, nous trouvons les nombreuses missions de Madagascar, de l'île Maurice, de l'île de France, de Mayotte, de Sainte-Marie, de Nossi-bé; plus loin, la mission récente de Zanzibar, celle des Seychelles et des Gallas. Nous arrivons enfin à celles de l'Abyssinie et de l'Égypte, qui nous conduisent aux missions de Tripoli et de Tunis, voisines de notre Algérie.

Sur tous les points indiqués, les grands corps d'armée catholique ont envoyé quelques détachements. Comme ils sont assez connus, nous ne parlerons pas des ordres religieux d'hommes et de femmes, venus de la mère patrie et qui se dévouent à la conquête morale de nos possessions africaines.

Sur les mêmes degrés de latitude, au Maroc, travaillent les dignes enfants de saint François, les Mineurs de l'observance de la province de Saint-Didace, en Espagne.

Au *couchant* : c'est-à-dire au Sénégal, à Sierra-Léone, aux deux Guinées, au Gabon, au Congo, les Pères du Saint-Esprit et du Saint-Cœur de Marie, avec les excellentes religieuses de Castres. Les prêtres des Missions Africaines de Lyon, au Dahomey. Les Jésuites à Annobon, Corisco et Fernando-Po.

Au *midi* : dans le district oriental et dans le district occidental du cap de Bonne-Espérance, les missionnaires des Iles Britanniques. A Port-Natal, les Oblats de Marie, de Marseille.

A l'*est* : à Madagascar, Nossi-bé, Sainte-Marie, Mayotte, les Jésuites. A Bourbon et à Zanzibar, les Pères du Saint-Esprit et du Saint-Cœur de Marie, avec les Filles de Marie, originaires de Bourbon ; aux îles Seychelles, les Capucins de Savoie.

Au *nord-est* : chez les Gallas, les Capucins de la

province de France; dans l'Abyssinie, les Lazaristes.

Enfin, revenant vers le *nord :* en Égypte, les Mineurs de l'Observance, les Frères des Écoles chrétiennes, les religieuses du Bon-Pasteur, les Claris-
ses, les Lazaristes et les sœurs de Saint-Vincent de
Paul. Dans la haute Égypte et dans la régence de
Tripoli, les Mineurs réformés. Dans celle de Tunis,
d'autres enfants de Saint-François, les Capucins
d'Italie.

A tous ces travailleurs sont venus prêter leur
concours, nos plus anciens rédempteurs d'esclaves,
les vénérables religieux Trinitaires. Comment fut
acquise leur utile coopération? Nous allons le dire.

On sait que l'ordre de la Très-Sainte Trinité a
commencé par l'apparition d'un ange à saint Jean
de Matha, pendant qu'il célébrait sa première
Messe, dans la chapelle de l'évêché de Paris. L'envoyé céleste s'était présenté à lui, resplendissant
d'une vive lumière et revêtu d'un habit blanc. Sur
la poitrine, il portait une croix bleue et rouge, et ses
mains reposaient sur deux captifs, dont l'un était
blanc et chrétien, l'autre noir et infidèle.

Jean de Matha, après avoir pris là-dessus l'avis
des docteurs de Paris, se rendit à Rome pour soumettre l'apparition aux lumières du souverain Pontife. En offrant le saint sacrifice, Innocent III fut
favorisé de la même apparition, et autorisa Jean de
Matha à fonder, pour la délivrance des captifs, un

institut qui a rendu d'immenses services à la chrétienté et qui existe encore aujourd'hui.

Or, dans le courant de l'année 1853, un religieux de cet ordre, repassant dans son esprit les circonstances de l'apparition angélique, crut y découvrir un enseignement, auquel il n'avait point encore songé.

Voici en quels termes il s'en ouvrit à son général : « Jusqu'ici, les enfants de saint Jean de Matha ont rache é les captifs chrétiens, figurés par cet esclave blanc, sur la tête duquel l'ange étendait une de ses mains ; mais, puisque, par une disposition de la Providence, la piraterie des Turcs et l'esclavage des chrétiens ont cessé, ne serait-il pas à propos d'accomplir l'autre partie de la vision, en appliquant les membres de notre institut au rachat des nègres infidèles, représentés par le Maure sur lequel reposait l'autre main de l'ange ? »

Le vénérable supérieur accueillit la communication ; mais dans sa sagesse il s'abstint d'y donner aucune réponse. Cependant, le chapitre général de l'ordre s'étant réuni à Rome, à la maison mère de Saint-Chrysogone, la même ouverture fut faite à toute l'assemblée. Elle ravit tous les suffrages.

Tandis que cela se passait au monastère, le Saint-Père, qui est l'organe des volontés divines, ordonnait au cardinal Delle Genga, préfet de la sacrée Congrégation des évêques et réguliers, de faire savoir aux Trinitaires rassemblés en chapitre géné-

ral, que son désir était que l'œuvre des jeunes
nègres du prêtre Olivieri fût agrégée à l'ordre de
la Très-Sainte Trinité.

Qui pourra dire l'allégresse dont furent comblés
les bons religieux, l'éminent cardinal et Pie IX lui-
même, en apprenant que l'esprit du Seigneur avait
poussé le chapitre à sanctionner, par un décret
spécial, ce qu'il inspirait en même temps au Père
commun des fidèles?

Cette heureuse nouvelle arriva bientôt aux oreilles d'Olivieri, qui en éprouva une immense consolation et mourut pleinement rassuré sur l'avenir de
sa pieuse entreprise [1].

Bien des solutions de continuité se trouvent encore, il est vrai, dans la grande ligne de circonvallation, formée par le catholicisme autour de la
terre de Cham. Neanmoins, tel a été le succès ob-
tenu par les vaillants pionniers de l'évangélisation
africaine, que le Saint-Siége a pu établir sur les
côtes et dans les îles de la grande péninsule, treize
vicariats apostoliques, neuf préfectures et douze
diocèses, plus ou moins florissants.

Ces conquêtes sont belles, sans doute. Toutefois,
elles n'ont pas suffi au Vicaire du Dieu qui a racheté
de son sang toutes les familles humaines et qui veut
les réunir dans un seul bercail. Le Pape Gré-
goire XVI, d'heureuse mémoire, décida qu'on ne

---

[1] *Fleurs du désert*, etc., p. 10 et suiv.

se bornerait plus à évangéliser les côtes africaines, mais qu'on pousserait le siége catholique jusque dans l'intérieur des terres.

Ainsi, dans l'année 1846, il érigea la mission de l'Afrique centrale. Cette mission comprend l'immense étendue de pays, située entre les États Barbaresques, au nord; la Nubie et l'Abyssinie, à l'est; la ligne équatoriale, au sud; les deux Guinées, le Dahomey, la Sénégambie, à l'ouest: c'est plus de deux fois la surface de la France.

D'intrépides ouvriers répondirent à la voix du souverain Pontife. En 1848, quarante prêtres, allemands et italiens, partirent pour cette magnifique mais difficile mission. Avec des fatigues incroyables, ils parvinrent à fonder quatre stations importantes. La plus rapprochée de nous est celle de Karthoum, la seule qui subsiste encore [1].

Sur les quarante missionnaires, trente-deux ont promptement succombé aux travaux de l'apostolat. Un des survivants, l'abbé Comboni, a vu, par expérience, que la guerre devait se faire dans d'autres conditions. Son plan, reconnu comme le meilleur, a reçu l'approbation du Saint-Siége : nous en parlerons bientôt.

En attendant, nous devons dire que Pie IX a divisé la mission de l'Afrique centrale en deux délé-

---

[1] Karthoum est une ville bâtie par Méhemet-Ali, au confluent du Nil bleu et du Nil blanc. C'est un des principaux marchés aux esclaves.

gations : l'une, que forment le Sahara occidental et
le Soudan, a été donnée à l'archevêque d'Alger;
l'autre, composée du Sahara oriental, est confiée
au vicaire apostolique d'Alexandrie.

Ce pays, que les anciens appelaient la Libye in-
térieure et que les modernes ne connaissent que
très-imparfaitement, peut être comparé à une
mer de sable, d'une longueur d'environ cinq cents
lieues, sur une largeur de plus de cent vingt lieues,
parsemée d'oasis plus ou moins considérables,
jetées comme des îles au milieu de cette immensité.
Là, se rencontrent de nombreuses tribus, assises à
l'ombre de la mort et victimes de l'abominable trafic
de chair humaine, appelée la *Traite*.

Pour les délivrer de la double tyrannie du démon
et des Traitants, voici, dans les points principaux,
le plan de l'abbé Comboni. Comme une doulou-
reuse expérience a démontré que les Européens
ne résistent pas longtemps au climat meurtrier de
l'Afrique centrale, on forme sur les côtes et dans
les lieux où le séjour offre moins de danger, des
établissements de missions d'hommes et de femmes.

Sur les marchés à esclaves les missionnaires
achètent, suivant leurs ressources, hélas ! trop
souvent insuffisantes, de jeunes esclaves de l'un et
de l'autre sexe. D'autres fois, ils font eux-mêmes
des excursions dans l'intérieur des terres, d'où ils
amènent d'autres enfants.

Ces jeunes indigènes, élevés chrétiennement, deviennent les éléments de familles chrétiennes, ou des catéchistes, ou des religieuses, ou même des prêtres. Renvoyés dans leurs tribus, ils forment le noyau de chrétientés que le missionnaire européen n'est pas obligé d'habiter constamment, mais qu'il ne perdra jamais de vue.

Ce plan, sagement conçu, n'est pas seulement sur le papier : déjà, sur plusieurs points il a reçu un commencement d'exécution. L'intelligent et courageux missionnaire, que nous venons de nommer, possède au Caire deux instituts qui donnent les plus heureux résultats.

L'institut pour l'éducation des jeunes nègres est dirigé par les prêtres du séminaire de Vérone, fondé exprès dans le but de fournir des missionnaires à l'Afrique centrale. L'institut destiné à former les jeunes négresses aux fonctions d'institutrices, est confié aux sœurs de Saint-Joseph de l'Apparition.

Tel est, enfin, le plan suivi dans la mission de Zanzibar, à laquelle est consacré ce modeste travail.

En voyant le zèle extraordinaire qui s'est manifesté depuis quelque temps, surtout la rare intelligence avec laquelle est conduite la guerre sainte, n'y a-t-il pas lieu d'espérer que, dans un avenir plus ou moins rapproché, la foi victorieuse de tous les obstacles aura emporté cette citadelle de Satan, jusqu'alors imprenable ? *Fiat, fiat.*

CHAPITRE III

La côte de Zanguebar. — Notions géographiques et historiques.
— L'île et la ville de Zanzibar : description. — Projet de la mission. — Arrivée des premiers missionnaires. — Première
visite au Sultan. — Portrait de ce prince. — Repas africain.

Prenons une carte d'Afrique et arrêtons nos regards sur la partie orientale de la grande péninsule. A partir du canal de Mozambique jusqu'au
cap Gardafui, vous trouvez, baigné par la mer
des Indes, un littoral de six cents lieues de long.
Telle est, sur une largeur non exactement mesu-
rée, la côte de Zanguebar, à laquelle les géogra-
phes donnent sans hésiter six cent mille kilomètres
carrés.

Situé entre les tropiques, ce vaste pays est d'une
grande fertilité, mais d'une chaleur extrême, excepté sur les bords de la mer. Ajoutons qu'il est
comme la terre natale des animaux féroces, des
crocodiles et des serpents. Néanmoins, il a été fréquenté par les commerçants arabes et indiens, depuis l'antiquité la plus reculée.

Oubliée de l'Europe pendant le moyen âge, cette
contrée fut, en 1498, visitée pour la première fois
par Vasco de Gama. Le grand navigateur se rendit
maître d'une partie de la côte et se contenta de

faire reconnaître le roi de Portugal comme suze-
rain des roitelets du pays.

Longtemps après le voyage de Vasco de Gama,
les Portugais entreprirent de former des colonies,
en 1569 au Mozambique, et en 1594 à Mombas.
Malheureusement ils s'abandonnèrent à toutes les
passions et finirent par se faire chasser de la plupart de ces contrées, par l'Iman de Mascate, qui
avait prêté le secours de ses armes aux indigènes.

Ce prince devint ainsi maître du pays en 1698,
depuis le cap Guardafui jusqu'au cap Delgado.
Après la révolution qui, en 1744, détrôna l'ancienne dynastie, la côte orientale d'Afrique se dé-
tacha presque tout entière de l'Imanat de Mascate.

Plus tard elle fut soumise de nouveau à l'Imanat,
par un prince d'une nouvelle dynastie, Saïd-Ben-
Ahmed. Son petit-fils, père du Sultan actuel de
Zanzibar, après avoir soumis presque toute la côte
de Zanguebar, transporta, en 1828, sa résidence
dans l'île de Zanzibar.

A la mort de ce prince, l'Imanat de Mascate fut
partagé en deux royaumes indépendants. Celui de
Mascate devint l'apanage de Saïd-Touény, qui a
été assassiné par son propre fils, Saïd-Salim. Celui
de Zanzibar vit sous le sceptre d'un prince intelligent et distingué, régnant actuellement sous le nom
de Saïd-Meggid.

Son autorité est représentée par des gouverneurs
militaires, appelés *Djémadars*, dont la résidence est

fixée sur les principaux points de la côte. L'élément féodal domine dans le régime du gouvernement actuel. Bienveillant pour les Européens, ce
gouvernement laisse une liberté illimitée à toutes
les religions. Quant à l'indépendance du Sultan, elle
est garantie par des traités conclus avec la France
et l'Angleterre.

Après ce coup d'œil général jeté sur la côte de
Zanguebar, entrons dans l'île de Zanzibar, point
central de la mission catholique [1].

L'île de Zanzibar, dont la ville capitale porte le
même nom, est située à six lieues du continent
africain, par le sixième degré de latitude sud, et le
trente-sixième de longitude est. Elle court paral-
lèlement à la côte, sur une longueur d'environ
vingt lieues. Sa largeur est, en moyenne, de cinq
à six lieues, et sa superficie d'environ sept cent
soixante mille hectares.

Vue à quelque distance, elle ressemble à une
vaste corbeille de verdure, posée au milieu des flots.
Elle est en effet très-basse et toute plantée comme
un verger. On remarque surtout dans cette vaste
forêt : le manguier, l'oranger, le citronnier, le gi-
roflier, au-dessus desquels s'élève le cocotier, éta-
lant la richesse de ses fruits et son mobile feuillage.

Le sol est un terrain déposé par les flots de la

---

[1] J'écris ceci, à Fuans, au moment où arrive la nouvelle de la
proclamation de la république à Paris, 5 septembre 1870. Que
Dieu ait pitié de la France et du monde !

mer, sur un large banc de corail. La couche est maintenant très-épaisse et la fertilité remarquable. Par sa nature, il est propre à la culture de la canne à sucre. On pourrait le travailler presque partout avec la charrue. Les quelques collines qu'on rencontre dans l'île, l'abondance des végétaux qui la couvrent, le voisinage de ia côte, font qu'elle est bien arrosée et passablement rafraîchie.

Il en résulte que le climat est loin de mériter la mauvaise réputation qu'on lui a faite. Il est assez sain, et non-seulement supportable, mais souvent agréable, même pour les Européens.

La ville de Zanzibar, dont la population s'élève à près de quatre-vingt mille âmes, est bâtie à la partie ouest de l'île, sur une pointe de sable qui s'avance dans une rade, également sûre et spacieuse. Les hautes maisons blanches qui bordent le rivage, lui donnent un aspect imposant.

Il suffit toutefois de pénétrer dans l'intérieur pour se convaincre que c'est une ville mal bâtie. Les rues sont fort étroites et très-sales. L'œil blessé par la vive lumière du ciel de l'équateur, ne trouve nulle part de verdure où il puisse se reposer.

Cependant une grande lacune existait dans la ligne de circonvallation catholique, établie autour de l'Afrique, depuis le Mozambique jusqu'au pays des Gallas. Cela veut dire que dans une étendue de plus de huit cents lieues, on ne trouvait aucun établissement de mission.

De temps immémorial l'idolâtrie et le mahométisme régnaient sur ces plages, lorsqu'en 1859,
M. Fava, vicaire général de Saint-Denis (île Bourbon), encouragé par son évêque, résolut de se dé-
vouer pour y porter l'Évangile.

L'île de Zanzibar fut choisie comme le point le
plus accessible. La courageuse expédition partit de
Bourbon vers la fin de 1860. Elle se composait de
M. Fava, nommé vice-préfet, de deux prêtres, de
Bourbon, MM. Jégo et Schimpff, de six religieuses
de la Congrégation des *Filles de Marie* et d'un chi-
rurgien de la marine française, M. Abel Sémanne.

Laissons à M. Fava le soin de décrire l'arrivée
des nouveaux conquérants. « Ce fut le 21 décembre que nous aperçûmes Zanzibar, et le 22 au matin nous étions en rade. Toute la journée fut employée à opérer le débarquement de nos bagages et
à les transporter dans la maison qui nous avait été
préparée et à laquelle nous donnâmes le nom de
la Providence.

« Déjà la nuit était faite, lorsque nous descen-
dîmes dans les embarcations qui devaient nous
porter à terre. Il nous sembla que nous quittions
alors notre patrie, l'île de la Réunion, dont la
Somme elle-même, notre cher navire, nous retra-
çait l'image.

« Les Zanzibariens qui nous virent débarquer et
prendre le chemin de *la Providence*, se retiraient
avec un respect mêlé d'effroi. M. Lerché, consul de

France à Zanzibar, nous avait envoyé quelques soldats pour nous guider : ils ouvraient la marche.

« A leur suite venaient les ouvriers de la mission; puis les six religieuses, couvertes de longs voiles. MM. Eymard, Schimpff, Sémanne et moi nous terminions le petit cortége.

« La lune éclairait de sa bienveillante lumière cette prise de possession. Nous nous glissions comme des ombres le long des rues étroites de la ville. Nous marchions en silence, demandant à Dieu de bénir nos premiers pas. Enfin, nous arrivâmes à *la Providence.*

« A son aspect nous ne pûmes nous empêcher de nous écrier : c'est un monastère. En effet, cette maison, bâtie en pierres, est un vaste parallélogramme, dont deux côtés ont trente-sept mètres de longueur sur huit de largeur. Ils sont reliés entre eux, aux deux extrémités et au milieu, par trois ailes de cinq mètres de largeur sur douze de longueur. Il y a le rez-de-chaussée, un étage, puis des terrasses qui couvrent tout l'édifice. Les sœurs occupent dans le voisinage, une maison qui conviendra admirablement à leurs occupations.

« On s'étonnera peut-être de ne pas nous voir habiter, en arrivant, une hutte en paille. D'autres ont commencé leurs travaux sur la terre d'Afrique, en s'abritant ainsi sous un toit de paille, et en se nourrissant comme les noirs. Aussitôt la fièvre est venue, et leur mission est restée veuve.

« Ici, comme ailleurs, la première chose est
d'être. Or, pour continuer d'être et pouvoir s'occuper sérieusement, il faut, autant que possible, se
loger dans un quartier et dans une maison où l'air
soit sain, se nourrir comme des blancs, et ne pas
braver, au début, ni le soleil ni la pluie.

« Telle est la marche que nous avons suivie ; et,
Dieu aidant, nous nous sommes conservés en bonne
santé depuis notre arrivée. En outre, nous avions
besoin d'une vaste maison pour les diverses œuvres que nous voulions entreprendre.

« Dès le second jour, nous fûmes présentés à
Saïd-Meggid, Sultan de Zanzibar et dépendances,
par M. Lerché, consul de France, et par M. de
Langle, commandant de la station.

« L'audience eut lieu dans un local situé sur le
bord de la mer et appelé le Grand-Barza. Le prince
vint avec tout son entourage recevoir ses visiteurs,
jusqu'au bas de l'escalier. Il nous présenta la
main à tous, fort gracieusement.

«Dans la salle de réception, les visiteurs occupent
un côté, le Sultan et les siens l'autre. Nous étions
tous assis dans des fauteuils de l'Inde. On fit de
part et d'autre les questions d'usage, sur la santé,
sur le voyage, sur la France.

« Nous ajoutâmes que nous venions soigner les
malades, secourir les pauvres, instruire les enfants
et leur apprendre des métiers. Saïd-Meggid répondit qu'il nous voyait avec bonheur arriver dans

2

son pays, et qu'il espérait que nous lui serions un jour utiles à lui et à son peuple.

« Ce jeune Sultan est un Arabe d'environ vingt-cinq ans. Sa figure est blanche et rappelle le beau type arabe. Son regard est plein d'intelligence et de douceur. Sa parole, son sourire, ses manières respirent la grâce. Quoique d'une taille à peine ordinaire, Saïd-Meggid a dans sa personne quelque chose de solennel.

« On remarque en lui cet air de distinction qu'on rencontre chez les Arabes de la classe élevée. Il est à regretter que ce jeune prince, qui inspire la sympathie à tous ceux qui le voient, ait passé son adolescence dans un milieu si peu propre à développer les talents naturels.

« Lorsque nous eûmes causé pendant quelque temps, vingt minutes environ, une file d'esclaves entra dans la salle. Ils passèrent devant nous et remirent à chacun une petite coupe d'un délicieux moka, puis le verre d'eau à l'essence de rose ; vinrent ensuite des gâteaux à la façon arabe.

« La conversation continua. Saïd-Meggid nous fit ses offres de services : c'est la clôture des audiences. Il nous dit, selon les coutumes orientales : « Ma maison est la vôtre ; mes compagnons sont les vôtres ; usez-en avec moi comme avec un frère. »

« Nous lui repondîmes que, de notre côté, nous mettions à son service notre maison, nos ateliers tout ce que nous possédions et notre dévouement.

M. Sémanne lui offrit les ressources de son art et
les vertus mystérieuses de sa pharmacie.

« Puis, selon l'usage, nous demandâmes la per-
mission de nous retirer. Nous touchâmes la main
du Sultan et celle de ceux qui l'entouraient. Il nous
reconduisit jusqu'au bas du perron.

« Au contact de ces Orientaux nous avions pris,
sans le savoir, une attitude solennelle. Nous nous
en aperçûmes dans la rue ; car il fallut changer
notre marche et cesser de nous roidir pour reprendre le genre de l'Occident.

« En rentrant à *la Providence*, nous nous trouvâmes en face de deux difficultés : l'aménagement
d'abord. On ne voyait de tous côtés que des caisses,
des ustensiles de tout genre, des planches, de la
paille, tous nos colis jetés pêle-mêle. Ceux d'entre
nous qui n'avaient pas l'habitude de manier le mar-
teau, le balai et autres outils semblables, firent
ce jour-là leur apprentissage. L'avenir devait nous
perfectionner dans l'art du rabot et de la varlope.

« La seconde difficulté était de trouver à déjeuner pour tout le personnel, la cuisine ne fonction-
nant pas encore. Quoique royale, la collation que
nous avions faite chez Saïd-Meggid ne pouvait
nous soutenir longtemps dans le travail de l'aménagement.

« Celui qui donne à tout ce qui respire le pain de
chaque jour, nous vint en aide. Deux déjeuners
nous arrivèrent à la fois : un du consulat de

France, l'autre d'une princesse arabe Bibi-Kolé [1],
sœur du Sultan. Les plats qui nous furent envoyés
rappelaient le temps des patriarches ou les repas
homériques.

« C'eût été oublier la couleur locale, en cette
occurrence, que de nous servir de couteaux et de
fourchettes ainsi que d'assiettes. Nos doigts rem-
placèrent les instruments des pays civilisés. Il
serait difficile d'assister à un banquet plus assai-
sonné de gaieté. Chacun tirait, mordait et riait de
son côté. Le safran mêlé à tous les plats et à
toutes les sauces nous donnait à tous une teinte de
jaunisse qui redoublait l'hilarité.

« Ce repas fini, il fallut reprendre les travaux [2]. »

---

[1] Bibi veut dire dans la langue du pays : madame, mademoi-
selle.

[2] Lettre du 17 juillet 1861.

CHAPITRE IV

Première messe sur la côte africaine. — Messe de minuit. —
Première visite des indigènes à la mission. — État matériel
et moral de la population. — Cruel abandon des pauvres et
des malades. — Esclavage de la femme.

L'aménagement marcha si bien que le 25 décembre, à minuit, la petite chrétienté de Zanzibar était réunie dans une chapelle provisoire, au pied d'un autel tout resplendissant de lumières.

« Parmi les assistants on remarquait MM. Jablonski, chancelier du consulat, Peyronnet et Bérard, représentants des maisons de commerce de France établies à Zanzibar; leurs employés, quelques autres Français; des Espagnols, des Portugais qui habitent le pays : en tout, une soixantaine de personnes. Le père Schimpff toucha l'orgue; les sœurs entonnèrent des chants de Noël, auxquels l'assistance s'unit de toute son âme.

« Il y avait dans cette messe de minuit, continue M. Fava, la première que nous célébrions à Zanzibar, quelque chose de si insolite; elle éveillait en nous tant de sentiments divers que nous pouvions

2.

à peine nous rendre compte de ce qui se passait en nous et autour de nous.

« Nous étions à Zanzibar, au milieu d'une ville moitié mahométane, moitié païenne; dans une maison bâtie par un Arabe, au pied d'un autel consacré au vrai Dieu, le seul qui fût sur ces immenses rivages, et au sein de ces vastes mers. Nos chants catholiques retentissaient librement à travers la ville, pendant le silence de la nuit. Le fils de Dieu descendait pour la première fois au milieu de nous, de nous venus de la France, sur cet îlot perdu.

« Cette présence auguste, ces pensées, les souvenirs d'enfance rappelés par les chants et la nuit de Noël, nous remplissaient d'un indicible émotion. Plusieurs parmi les assistants voulurent inutilement cacher leurs larmes.

« Pour nous, prêtres et religieuses, nous sentions que nous étions désormais privés des grandes cérémonies du culte catholique; mais nous étions heureux que Dieu eût bien voulu nous amener là, au pied de cet autel ignoré.

« Afin de nous encourager dans notre isolement, nous nous disions : avant longtemps peut-être la mission ne portera des fruits; au moins Notre-Seigneur sera adoré sur cette terre où il est inconnu. Résidant en personne à l'entrée de ces vastes régions de l'Afrique encore inexplorées, le divin berger tôt ou tard appellera jusqu'à lui ces millions de mahométans et d'idolâtres, chères brebis rachetées comme nous de son sang précieux. La mission est l'instrument de Dieu pour le salut du monde. »

Cependant la nouvelle de l'arrivée des missionnaires s'était répandue rapidement dans la ville. Chacun voulut voir les muzongo, les nouveaux blancs. Les gens du peuple s'arrêtaient à l'entrée de la *Providence*. Les missionnaires allaient y causer avec eux sans distinction et les faire rire un peu. En général l'Africain de la côte orientale est d'une humeur gaie. Il rit de bon cœur et de toutes ses forces.

Les personnes de la classe aisée se hasardaient à entrer. On les recevait le mieux possible. Le père Eymard leur montrait les ateliers, les outils et leur en expliquait l'usage. Arrivés à la chambre du supérieur, ils étaient invités à prendre, selon l'usage, le café et le verre de sirop ; puis commençaient les questions.

Père, c'est le nom qu'ils donnent au prêtre catholique, qu'est-ce que ce meuble ? — C'est ce qu'on appelle un piano. — Pourquoi faire ? — Le père Schimpff, qui était souvent avec le supérieur, les éblouissait alors par quelques airs rapides.

Rien ne plaît tant aux Arabes, en fait d'harmonie, comme ce qui ressemble au galop de leur cheval. Ensuite on faisait le voyage autour de la chambre. — Qu'est-ce que ceci ? — C'est le por-

trait d'Iça, c'est le nom qu'ils donnent à Notre-Seigneur Jésus-Christ. — Ceci ? — C'est le portrait de
Mariem, Marie. — Ceci ? — Iça, descendu de la
croix où les Juifs l'avaient attaché.

« Nos visiteurs, ajoute le missionnaire, nous
répondaient : Nous avons déjà entendu dire ce que
tu expliques, mais nous ne croyons pas qu'Iça soit
mort. Les juifs ont voulu le crucifier. Mais Allah
(Dieu) a fait quelque chose qui ressemblait à Iça, et
c'est ce fantôme que les Juifs ont crucifié. Pour Iça,
il n'est pas mort.

« — Qu'est-il donc devenu ? leur demandais-je.

« — Nous croyons qu'il est au ciel avec Allah, et
qu'il viendra à la fin du monde juger les hommes.
— Est-ce que Iça va juger aussi Mohammed (Mahomet) ?

« — Oui, tous les hommes. — Sauriez-vous me
dire pourquoi Iça est le juge de tous les hommes,
même de Mohammed ? — Non, père. — Je vais
vous le dire : nous croyons, nous chrétiens, que
Iça est fils de Dieu, Dieu lui-même, maître et Seigneur de tous les hommes ; c'est pour cela qu'il a le
pouvoir de les juger tous. — Marrhabba (merci) ;
répondaient-ils d'un air distrait.

« Le sol n'est pas préparé ; la semence n'y prend
pas. Espérons que Dieu aura pitié de ces populations. A travers leurs croyances, comme à travers
les compilations du Coran, on voit percer le christianisme. En outre, ces populations prient et ont le

sens religieux. Le mahométan fait intervenir Dieu presque dans les moindres questions. Il mêle le nom de Dieu à toutes ses conversations, et aux affaires auxquelles la religion paraîtrait devoir être étrangère.

« Qu'on en juge par la lettre suivante. Elle me fut adressée par le gouverneur de Zanzibar, Saïd-Soliman, vieillard arabe, réputé pour ses grandes richesses, sa finesse et sa haute influence, dans l'île et sur toute la côte de Zanzibar.

« Que Dieu soit glorifié !

« De Soliman Ben-Ahmed à son excellence le très-digne, le très-généreux, le très-distingué et le très-élevé le Père. Que Dieu Très-haut l'aime, le conserve et le garde ! S'il plaît à Dieu (in cha allah).

« Puis, ce dont nous vous faisons part, c'est que nous avons chez nous une pompe en mauvais état. Soyez assez bon pour donner ordre aux ouvriers qui sont avec vous, de la mettre en bon état, et pour cela Dieu vous récompensera, s'il plaît à Dieu (in cha allah).

« Et il est bien entendu que les ouvriers seront payés de leur travail, quand la pompe fonctionnera. Et pour tout ce dont vous pourriez avoir besoin, vous n'avez qu'à nous le faire savoir.

« 18 du mois de Redjeb 1275
« Écrit par l'indigne envers Dieu
« Soliman, de sa propre main.

En voyant ces invocations redoublées du nom auguste de Dieu, certains chrétiens pourraient dire : mais ces gens-là sont plus religieux que nous ; pourquoi ne pas les laisser tranquilles et aller s'exposer à mourir dans leur pays pour leur faire partager nos croyances ?

Il est naturel de penser ainsi, quand on n'a pas vu, en dehors des sociétés chrétiennes, à quelle dégradation on peut descendre, même lorsqu'on croit en Dieu.

« Jamais je ne l'aurais compris, dit le missionnaire, si je ne l'avais vu, comme il m'est donné de le voir ici. On redit souvent aux chrétiens : Jésus crucifié est la vie et le bonheur des peuples ; mais ils ne sentent ni la vérité ni la force de ces paroles. Ici, comme sur toute la côte africaine, cette vérité éblouit devant le soleil de l'Équateur, qu'on en juge par les faits suivants choisis entre mille :

« A Zanzibar, l'idée même de dévouement, de service gratuit et d'abnégation de soi, au profit du pauvre, est inconnue. Tout ce qui porte au front le cachet de la faiblesse, est foulé aux pieds. Il n'y a pas dans toute l'île, ni dans ses vastes dépendances, un seul asile pour les malheureux.

« Les pauvres malades sont abandonnés dans les rues. Vous voyez le long des murailles, des vieillards mourants, étendus sur la terre. La foule passe et jette sur eux le regard stupide de la bête, qui n'a conscience ni de la souffrance ni de la mort.

« Vous rencontrez des jeunes gens, des enfants, des femmes du peuple dont les yeux et les jambes sont rongés par des plaies hideuses, des essaims de mouches s'abattent sur ces pauvres créatures et les harcèlent durant tout le jour. Nul ne s'en inquiète. Ils meurent souvent sur place dans l'abandon et la misère. On prend leur cadavre et on va le jeter à la mer, comme on y jette une immondice. A quelque temps de là, la mer ramène leurs ossements blanchis sur le rivage.

«Si on juge que le mort mérite d'avoir une fosse, on creuse quelques pieds dans le sable, à quelque distance de la ville, et on l'y dépose. La nuit qui suit, les chacals viennent en troupe, le déterrent et le dépècent [1]. Si le cimetière était défendu par des murs ou des haies, les corps seraient soustraits à leur voracité.

« Nous sommes à bon droit, continue le Père, choqués d'un pareil mépris pour les morts et pour les vivants. Nous en parlons aux gens du pays : ils ne nous comprennent même pas. Lorsqu'on nous vit recueillir les pauvres et les malades, les habiller, les nourrir, les loger, les soigner, on s'étonna beaucoup.

« Souvent on nous disait : — qu'est-ce qui vous paie, pour traiter ainsi les *meskini* (les malheureux). — Nous leur répondions : Iça a commandé

---

[1] Ainsi fut enterrée la jeune Suéma, dont nous avons naguère publié l'émouvante histoire.

aux chrétiens d'aimer les pauvres et les malheureux et de les aider par toutes sortes de secours.
Quand nous rencontrons un pauvre, nous ne re-
gardons pas s'il est chrétien, mahométan, banian,
ou africain.

« Notre devoir est de le soulager. Iça en a donné
l'exemple le premier ; tous les chrétiens doivent
l'imiter, surtout les Pères (les prêtres). C'est pour
lui obéir que nous sommes venus à Zanzibar,
et que nous voudrions entrer dans la Grande-
Afrique. »

Un pareil exposé était étrange pour eux. Ils ne
voient au bout d'un travail quelconque qu'un seul
genre de récompense : l'argent.

Il est un autre être non moins à plaindre que les
malheureux couverts de plaies. Ceux-ci du moins
peuvent se traîner à *la Providence*, et recevoir les
soins du médecin attaché à la mission. La femme
ne le peut pas. Si malade qu'elle soit, la femme
arabe n'a pas le droit de voir un médecin.

C'est pourquoi on a souvent recours aux sœurs,
afin de leur demander des conseils. Elles sont partout accueillies avec respect et même avec joie.
Leur costume, leur croix, leur chapelet, leur genre
de vie, sont autant de sujets de conversation. C'est
un abrégé de catéchisme qu'elles expliquent et qui
ne manque pas de faire impression.

Il arrive aussi que parmi ces malheureuses
créatures, condamnées par les coutumes mahomé-

tanes au rôle de victimes qu'on emprisonne et
qu'on garde à vue, il se rencontre des chrétiennes enlevées à leur famille, ou vendues par elles.
La foi est restée dans leurs cœurs, quoiqu'elles aient
été privées dès leur enfance de toute instruction.

Il suffit alors d'un mot et de quelques soins pour
reconstruire l'édifice religieux dans ces âmes et les
éclairer sur la dignité de la femme chez les chrétiens. Oh ! qu'il est vrai que partout où la croix n'a
pas été plantée, la femme vit et meurt déshonorée.

Dans de tels pays, la femme n'a ni les droits de
la mère, ni ceux de l'épouse, ni ceux de la compagne : elle n'est rien. On l'achète et on la vend ;
et toujours la vieillesse la jette dans l'oubli, le mépris et souvent dans la misère.

Elle a donné le jour à un enfant qui a grandi,
qui est maintenant un jeune prince, riche et
brillant, n'importe. Tandis que son enfant aspire
peut-être à régner, elle, sa mère, est demeurée esclave, inconnue et méprisée.

Pour un Arabe, le père est tout, la mère n'est
rien. Avec de pareils usages, on comprend ce que
peuvent être la famille et la société. Sous les plus
brillants dehors, le monde mahométan, comme le
monde païen, n'est qu'un sépulcre *blanchi*. Toutefois, ce respect de l'autorité paternelle, bien qu'exagéré dans l'application, est le principe qui fait vivre
les nations arabes, comme il fit vivre le monde ro-
main, et comme il fait vivre encore l'empire chinois.

dCHITRE V

L'évangélisation de l'immense côte de Zanguebar était commencée : il s'agissait d'en assurer la perpétuité et le développement.

De retour à Bourbon, M. Fava rendit compte à l'évêque de l'état des choses. Sa relation fut envoyée à Rome et combla de joie le souverain Pontife. Par ses ordres la Propagande s'empressa d'ériger la nouvelle mission en préfecture apostolique, sous la juridiction de l'évêque de Saint-Denis.

Avec l'assentiment du Saint-Siége, Mgr Maupoint remit, en 1862, la mission de Zanguebar à la congrégation du Saint-Esprit et du Saint-Cœur de Marie, spécialement dévouée à l'évangélisation de la race noire. Le père Horner fut chargé de la direction de cette œuvre importante entre toutes.

La Providence qui, depuis quelques années, pousse si visiblement à la régénération de l'Afrique, avait envoyé en 1855, à l'île Bourbon, cet intrépide missionnaire. De concert avec ses confrères, il travaillait sans relâche au bien spirituel de la colonie. Ses supérieurs, qui connaissaient son dévouement à toute épreuve, lui confièrent le soin des lépreux.

Autrefois si commune en Europe, la lèpre existe encore en Orient et en Afrique. Bourbon compte en assez grand nombre les victimes de cette affreuse maladie. Le P. Horner devint le consolateur et l'ami de ces malheureux. Il les aimait comme ses enfants ; et, il faut le dire, les pauvres délaissés l'aimaient comme leur père. Ce n'est pas sans une vive douleur qu'il fallut rompre les liens formés par la charité et par la reconnaissance.

Après huit ans passés à Bourbon, dont quatre au service des lépreux, le courageux apôtre fut appelé à exercer son zèle sur un autre point de l'Afrique, à l'égard d'une multitude de pauvres tribus, atteintes de toutes les lèpres de l'âme.

Parti de Bourbon le 28 mai 1863, le P. Horner arriva heureusement à Zanzibar le 16 juin à six heures du soir. En mettant le pied sur ce point de l'Afrique, il put dire avec le prophète : « C'est ici que j'habiterai désormais; ici que je reposerai dans la tombe, parce que c'est le lieu que la Providence m'a choisi pour accomplir mon pèlerinage. »

Plutôt que de le quitter, le missionnaire luttera contre le climat, contre les maladies, contre les hommes, contre les animaux sauvages. Sa lutte ne sera pas seulement défensive, avec un courage indomptable, une intelligence supérieure et une activité sans égale, il fera le siège catholique de cette partie de la péninsule africaine : nous verrons avec quel consolant succès.

A peine débarqué, le P. Horner s'empressa de rendre visite au Sultan, afin d'entretenir les rapports de bienveillance que le prince avait eus avec les premiers missionnaires. Pour plusieurs raisons cette curieuse visite mérite d'être connue. Nous laissons au P. Horner lui-même le soin de la décrire.

« Le lendemain de notre arrivée, nous allâmes rendre visite au Sultan. Accompagnés du consul de France, nous traversâmes une haie de soldats arabes, échelonnés aux alentours du palais et vêtus chacun à sa manière. Quelle bizarrerie de costume. chez tous ces soldats, sans parler du chapeau en forme de pain de sucre du commandant, qui a bien, lui seul, un pied et demi de hauteur ! Mais nous approchons de la salle de réception. Il faut se tenir dans la gravité la plus solennelle, car l'Arabe est de son naturel très-grave.

« Arrivés au bas du perron, de ce qu'on appelle la salle du trône, le Sultan, accompagné du gouverneur de Zanzibar et de quelques princes, vient à notre rencontre et nous tend la main, selon l'usage, mais sans rien dire. Dans de pareilles circonstances l'étiquette arabe ne permet pas un mot. Devant la salle du trône, tous les Arabes tirent leurs sandales et entrent pieds nus. Heureusement les Européens

ont le privilége de tirer le chapeau en place des
souliers. Pendant quelques minutes tout le monde
se tient debout, échangeant quelques paroles.

« Jusque-là je croyais que nous n'avions à faire
qu'au maître de cérémonies ou à quelque major-
dome, et qu'on attendait le Sultan. Mais, voici
qu'on s'assied et que, par le moyen de l'interprète,
la conversation commence.

« C'est alors, que je compris que ce haut personnage, aux pieds nus, coiffé du turban, vêtu d'une
longue chemise blanche, couvert d'une sorte de
houppelande en drap noir, le poignard sur la poitrine et le cimeterre au côté, était le souverain de
Zanzibar et d'une grande partie de la côte orientale
d'Afrique. Le Sultan n'ayant d'ailleurs aucune
marque extérieure qui le distingue, l'illusion était
bien permise.

« Après avoir fait demander des nouvelles de
l'état de notre santé, Son Altesse nous fit dire que
notre arrivée lui causait beaucoup de joie, qu'elle
était charmée de voir arriver des prêtres, pour
montrer aux gens du pays la religion et le travail.
On nous servit ensuite, selon la coutume, du café
bouillant et un verre d'eau sucrée à l'eau de rose.
Puis, la conversation continua sur quelques nouvelles politiques d'Europe.

« Pendant ce temps, je regardais attentivement
le Sultan. C'est un homme encore jeune et d'une
figure vraiment distinguée. Vous ne sauriez croire

combien ce visage respire de bonté et de douceur.
Aussi, n'ai-je pu m'empêcher de m'écrier intérieu-
rement : quel malheur que cet homme ne soit pas
chrétien ! Quant à nous, notre haute taille, ainsi
que notre costume religieux parut impressionner
vivement toute l'assemblée, car tous les regards
étaient fixés sur nous.

« Au milieu de la conversation, il se produisit
un incident assez singulier : il s'agit des frères. Son
Altesse demanda donc si les frères étaient *padri*,
c'est-à-dire *prêtres*. On lui répondit que non. —
Mais ils vont devenir padri au bout d'un certain
temps? — On lui répond encore que non. — Mais
lorsqu'ils auront travaillé trois ou quatre ans à
Zanzibar, ils mériteront bien, à titre de récompense, de devenir padri?

« La réponse négative l'étonna singulièrement,
et il sembla trouver de l'injustice à l'égard des
frères, qu'au bout d'un certain temps il aurait
voulu voir devenir prêtres. On lui fit comprendre
que les frères n'avaient pas fait d'études dans le
but d'arriver au sacerdoce, et qu'ils s'occupaient
généralement de travaux manuels, comme par
exemple, le frère Félicien, qui est mécanicien.

« Ce mot de mécanicien lui fit un sensible plaisir. Néanmoins, il revint encore sur l'idée de prêtres pour les frères, et demanda s'ils n'étaient pas
de petits prêtres ou des demi-prêtres. Pour finir le
procès, nous répondîmes qu'en effet ils étaient de

petits prêtres ou des demi-prêtres, et il fut satisfait.
Je n'ai vu dans cette sollicitude du Sultan pour les
frères, que bonté de cœur et haute idée du prêtre.

« Lorsque nous quittâmes ce souverain si bon et
si généreux, il nous fit dire par l'interprète qu'il
était très-heureux de nous voir à Zanzibar, que
sa maison était la nôtre, et que si nous avions besoin de quelque chose, nous devions nous adresser à lui en toute confiance. Telle fut la réception
faite par sa majesté musulmane à de pauvres missionnaires catholiques. Cette bienveillance de Saïd-
Meggid ne s'est jamais démentie [1]. »

Après la visite au Sultan, le premier soin du
père Horner fut de se rendre compte de l'état de
la mission. Avec une consolation inexprimable, il
trouva que les différentes œuvres, fondées par ses
prédécesseurs, se développaient régulièrement et
que le meilleur esprit régnait parmi tous les membres de la colonie naissante. Ces œuvres, indis-
pensables à la régénération de l'Afrique, sont le
soin des malades et l'instruction de la jeunesse.

De là, deux hôpitaux, trois écoles primaires, une
école professionnelle et un ouvroir. La mission entretient deux hôpitaux, dont l'un reçoit les Européens malades et spécialement les marins de toutes
les nations. Non-seulement cette œuvre fait du bien
à des âmes qui généralement en ont grand besoin,

---

[1] Lettre du 29 juin 1863.

mais encore elle donne à la mission une grande
influence. Contrairement aux usages du pays, le
Sultan lui-même envoie ses soldats recevoir les
soins du médecin et des sœurs.

Chaque matin, à sept heures et demie, la cloche
de *la Providence* annonce que les malades de la
ville peuvent venir à la mission réclamer des avis,
des soins et des remèdes. On voit alors des estropiés
et des malades de tout genre se traîner vers l'établissement, au nombre de quarante ou cinquante,
quelquefois de quatre-vingts, par jour.

Leurs plaies sont parfois si profondes qu'elles
laissent presque à nu une grande partie des os
des jambes. Il s'en dégage une odeur qui fait bon-
dir le cœur le plus ferme. On ne saurait se figurer
l'ébahissement des Arabes, surtout des Arabes de
la classe riche, à la vue de ces faibles femmes qui
lavent et pansent de leurs mains ces horribles
plaies.

Tandis que, sans s'émouvoir, elles continuent,
pendant de longues heures, ces héroïques travaux,
les visiteurs suivent des yeux, dans un complet silence, les mains et le maintien des sœurs. Ces
hommes qui portent le sabre à la main, le poignard
à la ceinture et que vous prendriez, à leur attitude
martiale, pour des chevaliers terribles, sont parfois obligés de se détourner et de s'éloigner à l'aspect de ces plaies hideuses.

Remis de leur émotion, ils reviennent auprès

des sœurs, expriment leur étonnement du geste et de la voix, et disent en se retirant : « Leur religion leur met au cœur quelque chose que nous n'avons pas. »

La mission tient trois écoles primaires. Deux de ces écoles sont pour les garçons, elles sont dirigées par les frères de la Congrégation, qui enseignent le catéchisme, le chant, la lecture, l'écriture et le calcul. La troisième est l'école des filles, sous la direction des sœurs. Cent soixante-dix enfants, achetés par les missionnaires sur le marché aux esclaves, fréquentent ces écoles qui donnent les plus heureux résultats.

Déjà, on a fait commencer les études latines à une partie des garçons, dans le but de trouver parmi eux des vocations sacerdotales ; car on est persuadé que l'Afrique ne pourra être régénérée que par le clergé indigène, soutenu et dirigé par des missionnaires européens.

Tous les enfants n'ayant pas les mêmes aptitudes, plusieurs sont appliqués à l'étude des arts mécaniques, ils deviennent menuisiers, charrons, serruriers, mécaniciens. Les travaux qu'ils exécutent rendent de grands services au pays qui, à l'exemple du Sultan, les apprécie beaucoup.

Les réparations que font les ateliers de la mission, dans les sucreries du prince et des Arabes, dans les machines des négociants européens et dans les navires de toutes les nations, donnent à

3.

la mission une influence considérable et lui attirent les plus vives sympathies.

Bien souvent des Européens, en admirant les travaux de ces jeunes ouvriers, ont avoué ingénument qu'ils n'auraient jamais cru possible d'obtenir avec des noirs de pareils résultats.

Naguère, un capitaine de frégate de la marine française visita la mission. Après avoir tout examiné avec soin, il dit devant tout le monde au père supérieur : « J'avoue que jusqu'ici j'ai toujours été hostile aux missions. Votre œuvre m'a converti, j'en suis émerveillé. Pour vous le prouver, je vous prie d'accepter ces soixante francs, afin d'acheter deux enfants au marché aux esclaves. C'est dommage que votre mission ne soit pas mieux connue en Europe, autrement on vous aiderait beaucoup plus largement. »

Outre les hôpitaux, les écoles primaires et l'école professionnelle, la mission possède un ouvroir où les petites filles, élevées par les sœurs, reçoivent une éducation conforme à leur position et à leur sexe. Connaissant l'importance du rôle que peut jouer la femme africaine dans une société primitive, les religieuses et les pères ne négligent rien pour former ces enfants à devenir un jour de bonnes mères de familles chrétiennes, cela veut dire que la base de leur éducation est la religion et le travail.

Dans le chapitre suivant nous dirons comment

les missionnaires recrutent ces chers enfants, destinés à devenir la pépinière du christianisme dans
l'Afrique orientale. Il y a des faits qu'aucun Européen ne devrait ignorer.

CHAPITRE VI

Grâce aux conventions conclues récemment entre les grandes puissances de l'Europe, on a mis fin à l'abominable commerce qui, chaque année, transportait des côtes occidentales d'Afrique, dans l'Amérique du Sud et dans l'Amérique du Nord, des milliers de pauvres nègres, réduits en esclavage et traités comme des bêtes de somme.

Mais la traite des noirs continue en Orient. Les marchés sont toujours approvisionnés d'esclaves, et la chasse à l'homme s'y fait avec une effrayante activité. De nombreux voyageurs en ont informé l'Europe.

En réunissant leurs témoignages et en rapprochant les faits, on arrive à cette conclusion qu'il y a, en moyenne, chaque année, de soixante-dix mille à quatre-vingt mille personnes de tout âge et de tout sexe, enlevées par les négriers.

Dans ce nombre ne sont pas compris ceux qui ont succombé avant d'arriver au marché, et il y a des routes où les victimes sont si nombreuses, qu'on peut suivre la trace des caravanes sur les cadavres laissés derrière elles. Si l'on veut y joindre les hommes qui se sont fait tuer en défendant leur liberté, et qui sont allés avec leurs familles périr de misère au milieu des marais et des déserts, on arrivera à un chiffre effrayant.

Sur certains points, d'après le témoignage des voyageurs, l'esclavage ne représente qu'un cinquième et, sur d'autres points, qu'un dixième de la population anéantie par cette chasse.

« Ainsi, à côté des soixante-dix mille malheureux qui partent chaque année pour l'exil le plus affreux, il y a, chaque année aussi, de trois à quatre cent mille morts qui restent sur le champ de bataille de la traite. C'est à peine si les guerres les plus sanglantes que l'histoire nous signale, comptent des victimes aussi nombreuses et d'aussi vastes destructions [1]. »

En preuve de ce qui précède, écoutons, entre plusieurs autres, la déposition d'un témoin oculaire. « Pendant notre séjour sur les rives du Nyassa, nous avons pu constater que la traite s'y faisait avec une effroyable activité. Nous tenons du colonel Rigby, consul anglais et chargé d'affaires de Sa Majesté britannique à Zanzibar, qu'il passe à la douane de

---

[1] Voir *la Traite orientale*, un vol. in-8, 1870, par M. Berlioux. Cet excellent ouvrage renferme les documents les plus certains et les plus inconnus sur la traite actuelle.

cette ville, venant de la seule région du Nyassa, *dix-neuf mille esclaves par an.* Ce chiffre, bien entendu, ne comprend pas les esclaves expédiés dans les rades portugaises.

« Et qu'on ne se figure pas que ce chiffre de dix-neuf mille représente toutes les infortunes, que cause cet envoi annuel au marché de Zanzibar. Les captifs qu'on arrache de leur pays, ne forment qu'une légère fraction des victimes de la traite.

« Nous n'avons pu nous faire une idée de ce commerce atroce qu'en le voyant à sa source. Pour quelques centaines d'individus que procure une de ces chasses, des milliers d'hommes sont tués, ou meurent de leurs blessures, tandis que les autres, mis en fuite, expirent de faim et de misère.

« D'autres milliers périssent dans les guerres civiles ou de voisinage, tués, qu'on ne l'oublie pas, par les demandes des acheteurs d'esclaves. Les nombreux squelettes que nous avons trouvés dans les bois ou parmi les rochers, près des étangs, le long des chemins qui conduisent aux villages déserts, attestent l'effroyable quantité d'existences humaines sacrifiées par ce trafic maudit.

« D'après ce que nous avons vu de nos propres yeux, nous avons la ferme conviction, (et jamais opinion ne fut plus consciencieuse), que chaque esclave ne représente pas le cinquième des victimes de la traite. Tous les jours nous rencontrions des cadavres flottant sur la rivière, et chaque matin il

fallait enlever des roues de notre vapeur, ceux que
les palettes avaient retenus pendant la nuit.

« Cet immense ravage brisait le cœur. Les rives
du lac, autrefois si populeuses, étaient désertes, les
villages brûlés, un silence de mort avait succédé
au bruit joyeux des bourgades, où la foule indus-
trieuse nous avait vendu les produits de son travail.

« Des spectres effrayants, dont la taille laissait
pourtant entrevoir la jeunesse, filles et garçons,
les yeux éteints, rampaient à l'ombre de cases désertes. Quelques jours encore, et, tués par la faim,
ils augmentaient le nombre des victimes de la traite.

« Notre expédition est la première, nous le croyons
du moins qui ait vu la traite orientale au lieu
même de son origine, et l'ait suivie dans toutes ses
phases : voilà pourquoi nous avons décrit en détail
cet odieux négoce [1]. »

Le docteur Livingstone n'a parcouru qu'une des
grandes routes de la traite, celle qui du lac Nyassa
vient aboutir à Zanzibar. Il y en a deux autres non
moins fréquentées par les traitants et non moins
chargées de bétail humain.

L'une part du grand lac Tsad, situé au centre de
l'Afrique, traverse une partie du Sahara oriental
et arrive, en franchissant onze cents kilomètres, à
Mourzouk dans le Fezzan, d'où elle alimente d'es-

---

[1] Le docteur Livingstone, dans le *Tour du monde*, n. 324.

claves les longues contrées de l'Afrique septen-
trionale, depuis le Maroc jusqu'à la Cyrénaïque.

Les caravanes qui la fréquentent se pourvoient
de marchandise humaine, à Kouka, ville d'environ
soixante mille âmes, au bord du lac Tsad. « Le
marché aux esclaves est constamment rempli de
malheureux de tout âge et de tout pays. Des vieillards, de vieilles négresses aux cheveux blancs,
des nourrissons, des jeunes gens vigoureux venus
du Bournou, du Barlimi, du Waday, en un mot
de toutes les contrées voisines, se trouvent ici en
même temps. C'est là un marché en gros, appro-
visionnant surtout les négociants qui travaillent
pour l'exportation[1]. »

Comme celle du Nyassa, décrite par le docteur
Livingstone, cette nouvelle route est, sur plusieurs
points, réellement bordée d'ossements.

Le célèbre voyageur allemand, Gerhard Rohlf,
qui vient de la parcourir, en parle ainsi : « Des deux
côtés de la route, nous voyons les ossements blanchis des esclaves morts. Quelques squelettes ont
encore le katoum (vêtement) des nègres. Même
celui qui ne connaît pas le chemin du Bournou, n'a
qu'à suivre les ossements dispersés à droite et à
gauche de la voie et ne se trompera pas[2]. »

Ces restes sont ceux des esclaves ; on le reconnaît à ce qu'ils n'ont pas été enterrés. Les maîtres

[1] Berlioux, p. 35.
[2] La Traite orientale, p. 30.

ne pensent pas qu'il vaille la peine de leur donner une tombe, quand ils meurent de fatigue ou de soif. C'est surtout aux approches des sources que les squelettes deviennent plus nombreux.

Les misérables y arrivent mourants. Un peu d'eau pourrait les sauver ; mais les vents ont rempli de sable l'orifice du puits : il faut travailler pour découvrir la source. Les plus robustes seuls pourront attendre et supporter le travail : les autres s'arrêtent pour mourir.

La troisième route de la traite, c'est la vallée du Nil. Commencée à Port-Saïd, le Caire, Alexandrie sur les bords de la Méditerranée, elle va finir à la hauteur du Darfour, du Kordofan et de l'Abyssinie. A travers ce désert de deux mille cinq cents kilomètres, il y a une route toujours ouverte, toujours facile à suivre : c'est le Nil.

Ce fleuve toujours navigable est forcément la grande voie du commerce avec l'intérieur de l'Afrique. Malheureusement ce commerce s'est fait jusqu'ici dans des conditions déplorables, attendu qu'il a été exercé par une triste classe de marchands, et que la principale marchandise échangée c'est l'homme.

« Nous sommes ici dans le pays de la traite, de la traite faite en grand, organisée comme une savante administration. Ce ne sont plus les rapides invasions d'une bande mal armée, conduite par

---

[1] *La Traite orientale.*

quelque chef de tribu, ce sont des expéditions militaires préparées régulièrement, et ce qu'il y a de plus pénible à dire, dirigées souvent par des Européens qui se vantent d'appartenir aux nations les plus civilisées.

« Ce n'est pas seulement parce qu'elle est la grande voie de l'intérieur que l'Égypte est devenue le principal marché de l'esclavage, mais surtout parce qu'elle est placée en face des contrées qui réclament cette marchandise. C'est le monde musulman qui achète les esclaves et, en particulier, l'Arabie [1]. »

Dire le nombre des malheureux nègres, enlevés chaque année par les traitants qui fréquentent cette route, serait impossible. On sait seulement que dans l'immense vallée du Nil, la chasse à l'homme se fait avec la même cruauté et avec plus d'ensemble que partout ailleurs.

Située au confluent du Nil bleu et du Nil blanc, la ville de Karthoum, bâtie par Méhémet-Ali, est, pour cette partie de l'Afrique, le grand entrepôt de la marchandise humaine. Si vous ajoutez Mourzouk, Tété, Quiloa, Zanzibar, vous aurez les principaux marchés, où chaque jour des multitudes d'hommes, de femmes, de jeunes gens et d'enfants, produits

[1] *La Traite orientale*, p. 73-74. — M. Berlioux prouve très-bien que, par les principes q   professe et par les mœurs qu'il crée, c'est le mahométisme qui entretient la traite orientale, et que l'une ne finira qu'avec l'autre.

d'une chasse infernale, sont vendus comme de vils troupeaux.

A peine arrivé à Zanzibar, le père Horner voulut visiter le marché aux esclaves. Inspirée non par la curiosité, mais par le désir d'approvisionner la mission, cette visite se renouvelle aussi souvent que les ressources du bon père lui permettent de sauver, en les achetant, quelques-unes des malheureuses victimes de la traite. Voici la description qu'il nous donne du marché.

« Les nègres sont traqués comme des bêtes fauves dans les razzias d'esclaves. Quant aux enfants, on les attire souvent au moyen de fruits et de friandises, dans des endroits isolés, et on les enlève loin des yeux de leurs parents. Nous avons ici des enfants qui ont été ainsi volés tout près du lac Nyassa, et qui sont restés près de six mois en route avant d'arriver à la côte.

«Que mangent-ils pendant ce long trajet? Ils se remplissent l'estomac de feuilles d'arbres crues, d'herbes vertes et même de terre pour tromper la faim; car la ration de manioc qu'on leur donne est trop insuffisante pour sustenter la vie. En cas de besoin, les traitants ne craignent pas de nourrir leurs esclaves de chair humaine.

«Notre petite Suéma[1] nous a souvent raconté que le voyage, depuis le Miao, son pays, où elle fut en-

---

[1] Aujourd'hui, novice chez les Filles de Marie à Zanzibar.

levée, jusqu'à Zanzibar, où elle fut enterrée vivante, avait duré au moins trois mois.

« Pendant ce voyage, dit-elle, il y avait dans la caravane beaucoup de malades qui retardaient la marche. Les vivres étaient si rares que, pressés par la faim et pour calmer les tiraillements de l'estomac, nous mangions de la terre et des herbes.

« Lorsqu'un malade mourait, on le coupait par morceaux; on le faisait cuire et on le donnait à manger en disant : c'est du mouton. On était si affamé que quand même on savait que c'était de la chair humaine, on en mangeait tout de même pour ne pas mourir de faim.

« En effet, un grand nombre de ces malheureux noirs succombent à la fatigue et à la faim, avant d'arriver sur le littoral. A quelque distance seulement de notre maison est le marché aux esclaves. C'est une place assez vaste, située au milieu de la ville entre de hideuses maisons, bâties en torchis et couvertes de feuilles de cocotier.

« Là se trouvent pêle-mêle, entassés, comme les marchandises d'un magasin, hommes, femmes et enfants, qui, pour la plupart, sont d'une maigreur de squelettes.

« L'abrutissement le plus complet paraît presque sur toutes les figures de ces malheureux, qui sont dans le costume de nos premiers parents avant le péché. L'œil hébété, les genoux soutenus par les bras, pour que la faiblesse ne fasse pas tomber le corps à la renverse, ces pauvres noirs n'ont rien d'humain, si ce n'est l'expression d'une indicible souffrance.

« Je défie la plume la plus habile de faire une description exacte du marché aux esclaves. C'est l'opinion de tous les Européens qui ont occasion de le visiter. J'ai conduit sur ce marché des officiers de marine, qui ont été si péniblement impressionnés de ces scènes d'horreur, qu'ils me disaient les larmes aux yeux : *Mon père, je me trouve mal ; le cœur me manque ; de ma vie je n'aurais cru voir quelque chose de si pénible.*

« En effet, lorsqu'on voit un pauvre noir, saisi par l'encanteur qui, le tenant par le bras, le promène sur le marché pour être examiné comme une bête, cela fait horreur.

« L'acheteur arrête le noir, lui ouvre la bouche, regarde la langue et les dents, examine les yeux, les pieds et toutes les parties du corps, pour voir s'il n'a pas de défauts ou de maladie et ensuite offre son prix. De là, le noir est conduit à travers toute la foire et adjugé au dernier enchérisseur. Les scènes qui se passent dans la vente des femmes ne sauraient être décrites par une plume honnête, et elles paraîtraient du reste incroyables dans les pays chrétiens.

« Depuis que le prix des noirs est monté subitement, un enfant de six à sept ans se vend cin-

quante francs ; un homme robuste de vingt ans se
vend jusqu'à cent cinquante francs, et une femme
du même âge de cent à cent cinquante francs. Ce
sont généralement les Arabes qui achètent des noirs,
pour les occuper dans leurs campagnes aux travaux
de l'agriculture. Les esclaves travaillent cinq jours
de la semaine pour le maître, qui, bien entendu, ne
les nourrit pas.

« Il leur laisse le jeudi et le vendredi pour eux,
pendant lesquels ils doivent se procurer la nourriture de la semaine. Le vendredi est le dimanche
des sectateurs de Mahomet; mais ce dimanche ne
défend nullement le travail.

« Les esclaves qui travaillent en ville chez les
Européens, gagnent huit sous par jour, sur lesquels
le maître en prélève six et ne laisse à l'esclave que
deux sous pour sa nourriture quotidienne. C'est
ainsi que le pauvre noir est la bête de somme de
l'Arabe, qu'il fait vivre à la sueur de son front.

« Parmi les esclaves exposés sur le marché, on
voit parfois des scènes touchantes. Comme on sait
que nous rachetons des enfants de l'esclavage, nous
voyons souvent ces pauvres petits êtres nous regarder avec un sourire attendrissant sur les lèvres,
et nous dire : Mzoungou Nounoua Mimi : « Blanc,
achète-moi. »

« C'est ce qui est arrivé l'autre jour. Il y avait là
un charmant petit garçon, dont le sourire et l'œil
intelligent me frappèrent. Je l'ai payé fort cher,

soixante quinze-francs, à cause des espérances qu'il m'a fait concevoir. Il a environ douze ans et promet de devenir un excellent chrétien, et peut-être un ministre de Notre-Seigneur Jésus-Christ.

« Impossible de dire le bonheur du petit garçon quand on lui donna des vêtements, car il était tout nu. Il se regardait plus de cent fois de la tête aux pieds, et ne pouvant exprimer son contentement, il sautait de joie en s'écriant: « Ah ! que c'est bien; que c'est joli d'être vêtu; comme cela on n'a plus l'air d'une bête. »

« Qu'il est navrant pour le cœur du missionnaire, de ne pas pouvoir porter secours à tant d'âmes auxquelles, moyennant un peu d'argent, on ouvrirait la porte du Ciel ! Quelle triste pensée que celle de songer que pour *cinquante francs*, on pourrait racheter de l'esclavage un enfant de six à sept ans, et qu'on n'a pas cette somme insignifiante en elle-même, et que souvent dans le monde on dépense pour des choses frivoles ou dangereuses ! Que de bien on pourrait faire avec plus de ressources [1] ! »

[1] Lettre du 1er juillet 1869.

CHAPITRE VII

L'histoire rapporte qu'un de ces fameux ravageurs de province, qu'on appelle conquérants, Alexandre de Macédoine, trouvait le monde trop petit pour son ambition. Non moins insatiable, mais mille fois plus noble, est l'ambition du missionnaire catholique. Entre une foule d'autres, le père Horner est un de ces ambitieux, à qui rien ne coûte quand il s'agit de faire de nouvelles conquêtes.

Après s'être rendu compte du bon état de la mission confiée à sa sollicitude et s'être assuré qu'elle ne souffrirait pas de son absence, il partit pour une expédition lointaine sur la grande terre d'Afrique. Dieu était avec lui, car il voyageait sous la conduite de l'obéissance. Personne ne peut, aussi bien que lui, nous faire le récit de son voyage. Le voici tel qu'il l'a écrit lui-même à son supérieur général.

Zanzibar, le 7 janvier 1869.

Mon très-révérend et très-cher Père, votre dernière lettre m'ayant recommandé de visiter plusieurs points de la côte orientale d'Afrique, dans le but de connaître l'endroit le plus favorable à l'établissement d'une nouvelle mission, je me suis empressé de satisfaire vos désirs, en exécutant pendant le mois de septembre et d'octobre derniers, le pénible mais intéressant voyage dont je viens aujourd'hui vous faire le récit.

Son Altesse, le Sultan de Zanzibar, avait entendu parler de mon projet. Quel ne fut pas mon étonnement, en recevant un jour la visite de son amiral qui me dit : « Afin de vous prouver son amitié, le roi met à votre disposition son bateau à vapeur pour faire votre voyage. »

Non content de m'offrir le passage gratuit, le bon Sultan voulut encore subvenir à tous les frais de l'excursion. Il me fit avertir par trois fois de ne porter absolument rien que mon linge ; que son secrétaire avait ordre de m'accompagner et de pourvoir en son nom à tous les besoins de la vie.

Inutile de dire que je fus traité d'une manière royale. Une garde d'honneur de quarante soldats me fut donnée, avec une escorte de six musiciens portugais. En signe de réjouissance, les premiers tiraient des coups de fusil pendant nos repas, rendus somptueux par ordre du Souverain ; tandis que

4

les autres jouaient des airs de musique européens.

La musique, la fusillade, la marche majestueuse du beau vapeur royal, sur une mer tranquille et limpide, la vue des montagnes du continent dorées par le coucher du soleil, formaient un spectacle ravissant pour le missionnaire catholique, voyageant aux frais d'un sectateur de Mahomet.

On avait fait avant le départ d'énormes provisions de toutes sortes. Chaque matin un mouton dut sacrifier sa vie, en compagnie d'autres animaux, pour servir à la nourriture des passagers. Le Koran fut relégué au fond de la cale. Le magasin d'un marchand portugais avait été à peu près vidé, par l'achat de vins et de liqueurs dont nous devions être pourvus en bonne et due forme.

Le café et le sirop furent servis dix ou douze fois par jour. Il y avait en tout une immense profusion dont je souffrais en ma qualité de missionnaire, habitué à la pauvreté et à la simplicité.

Je me permis d'en faire l'observation au secrétaire, qui est mon ami. « L'ordre m'a été donné, me fut-il répondu, de mettre toujours douze plats de viande sur la table. On en peut mettre plus, mais pas moins. » Comme telle était la volonté du César africain, il fallut s'incliner et accepter avec le plus d'humilité possible ces honneurs princiers.

Le premier jour de la traversée nous jetâmes l'ancre près d'un banc de sable, littéralement couvert d'oiseaux de mer auxquels nous fîmes la chasse. Un grand nombre furent tués par nos soldats arabes, qui en général tirent très-bien.

Le lendemain nous arrivâmes à Mzizima, mot qui veut dire *Perle*. Cette localité possède un port qui peut contenir trois mille navires, d'après l'estimation de notre capitaine, qui est un habile marin anglais. Le fleuve Mzizima se jette dans le port susdit. Son nom n'est pas marqué sur les cartes géographiques, puisque jusqu'ici aucun Européen n'avait approché de ces parages.

Le beau-frère du Sultan, ancien gouverneur de Quiloa, se trouvait là pour diriger les travaux de construction du palais de Son Altesse. Il vint nous chercher à bord et nous reçut sous une grande tente, construite pour la circonstance avec des voiles de navire. Après les compliments d'usage et le café servi bouillant, on nous amena de grands chevaux arabes, sellés à l'européenne et mis à notre disposition pour visiter le pays.

Notre garde d'honneur nous suivit. Les musiciens exécutaient divers morceaux. Les soldats qui marchaient devant nous, faisaient toutes sortes de fantasias, en chantant et en tirant force coups de fusil.

Nos chevaux, sentant la poudre et croyant aller au combat, commencèrent à hennir, à sauter et à nous faire faire sur la plage des courses dont nous nous serions passés volontiers. Mais que faire? tout se faisait en mon honneur, et il fallut me résigner de bonne grâce.

En compagnie du capitaine, je visitai deux ruines
d'anciennes mosquées persanes, dont quelques
pierres sont ornées de ciselures assez remarqua-
bles. Sur notre route nous trouvâmes plusieurs
arbres qui doivent être inconnus en Europe.

Ils portaient des fruits d'un demi-pied de long,
auxquels les Arabes attribuent des propriétés médi-
cinales. Nous nous empressâmes d'en cueillir. Malheureusement on les a perdus, à mon grand regret;
car je comptais les envoyer en France. La nuit
venue, nous regagnâmes notre vapeur, et le lendemain, de bonne heure, nous allâmes faire une
excursion sur le beau fleuve Mzizima.

Des troupes de singes gambadaient sur les branches des arbres qui bordent cette perle des eaux.
Nos farouches soldats tuèrent ou blessèrent à
coups de balle plusieurs de ces singuliers animaux.

De son côté, le secrétaire du Sultan essaya de
tuer des hippopotames, qui se jouaient dans les
eaux tout près de nous, par bandes de trente à quarante. Rien n'était plus facile que de les atteindre
avec une balle; mais chaque fois que notre brave
ami voulait lâcher le coup, le courage lui manquait.

Vous le comprendrez, puisque l'hippopotame
blessé devient terrible. Il nage rapidement vers la
chaloupe qu'il renverse pour se venger et déchire
à belles dents tout ce qu'il trouve. Comme précaution de sauvetage, nous étions suivis de deux cha-

loupes remplies de soldats, armés de sabres et de fusils : cependant notre chasse fut stérile.

Dans l'après-midi, je fis la visite de Magagoni, où se trouve un lac rempli d'hippopotames. Cette nappe d'eau est ce qu'il y a de plus remarquable dans ce village. Le chef de la bourgade me fit bon accueil et m'offrit un panier d'œufs en cadeau.

La population de Magagoni et de Mzizima me paraît moins bonne que celle de Bagamoyo. Il se trouve dans ces deux villages, dont chacun peut renfermer de huit à neuf cents âmes, plusieurs Banians, dont la vie est si singulière, que je crois devoir vous en parler un peu longuement.

Les Banians sont des Indiens idolâtres qui vont à Zanzibar et sur les principaux points de la côte, pour faire le commerce. Ils ne viennent jamais avec leurs familles. Leurs chefs les en empêchent et les forcent ainsi à rentrer chez eux.

Chaque année ils envoient périodiquement à Katch, leur patrie, l'argent qu'ils ont gagné. Le Banian diffère, en tout, des autres populations de l'Afrique. Son teint est un peu foncé. Son corps est bien fait et les traits de son visage se rapprochent du type de la race caucasienne.

Il est esclave des usages de son pays. Ainsi tout Banian a la barbe rasée et ne conserve que les moustaches et les favoris. Il se fait également raser la tête et ne garde qu'une touffe de cheveux au sommet de l'occiput. Il se coiffe d'un turban de

couleur rouge foncé, dont il fait comme un tiare
avec une corne au-dessus du front.

Une pièce de cotonnade dont il s'enveloppe le
corps, depuis la ceinture jusqu'aux genoux, lui sert
habituellement de tout vêtement. Lorsqu'il va en
ville, il se couvre d'un cafetan de madapolam, qui
ressemble beaucoup à celui des Indiens musulmans.

Sous le rapport de la nourriture, ce peuple bizarre mène une vie de véritable anachorète. Jamais le Banian ne mange ni viande, ni poisson, ni
œuf, ni rien de ce qui a eu vie. Il vit exclusivement de farine, de légumes et de laitage. L'usage
de toute vaisselle lui est interdit, et il mange avec
les doigts sur des feuilles d'arbres, qu'il jette après
chaque repas. Les feuilles ne doivent servir qu'une
fois.

Comme l'usage de la viande leur est strictement
défendu par leur religion, il est très-facile de faire
fuir les Banians, avec un os, ou de la viande qu'ils
appellent de la pourriture.

En voyant ces pauvres idôlatres si austères qu'ils
laissent mourir les malades plutôt que de les sauver par l'usage de la viande, je me disais souvent
la parole de l'Évangile: ces gens-là seront un jour
les juges de tant de catholiques si délicats, lorsqu'il
s'agit de jeûne ou de maigre.

D'après leur religion, les Banians sont obligés
de faire eux-mêmes leur cuisine. Ils font venir de

Katch, leur patrie, le beurre pour leur usage particulier. Ils trient grain par grain le riz et le froment
destinés à leur nourriture. Toute personne étrangère à leur religion est regardée comme impure.
Aussi, qu'un simple mortel se permette de toucher
aux aliments d'un Banian, ce dernier préférera
mourir de faim plutôt que d'en manger.

Ces pauvres Indiens ne prennent d'autre eau que
celle qui provient du puits de leur maison, ou
qu'ils puisent eux-mêmes à une source. Ils sont
généralement malpropres dans leur tenue et dans
leurs usages. Comme ils ne peuvent pas satisfaire
chez eux les besoins de la nature, ils vont pour cela
dans les rues des villes, ou, préférablement, au
bord de la mer.

La vache est pour eux un être sacré. Aussi, vous
les voyez, par principe de religion, se laver ou
mieux se barbouiller la figure, avec les excréments
de cette bête. Croyant à la métempsycose, ils s'i-
maginent que les âmes des défunts entrent dans le
corps des vaches pour y habiter.

Aussi le lendemain d'un enterrement, les Banians font d'énormes dépenses pour nourrir avec
du manioc, des patates, du mtama et du maïs
toutes les vaches qu'ils peuvent réunir, afin que
les âmes des défunts qui les habitent ne meurent
pas de faim. J'ai vu plus de cent fois ces superstitions absurdes, et vous ne sauriez croire combien
j'en ai souffert.

Les Banians sont humainement parlant bien malheureux. Leur boutique est pour eux le monde entier. Ils n'ont aucun lien de famille, aucune distraction, aucun attachement d'amitié.

Méprisés de tous malgré leurs énormes richesses, il n'y a pas d'avanies ni d'injures dont ils ne deviennent l'objet. Ils sont si timides qu'ils n'osent jamais se plaindre des mauvaises plaisanteries et des grossièretés qu'on leur inflige.

Semblables aux Juifs par le mépris qui pèse sur eux, ils leur ressemblent encore par le commerce. Le Banian passe sa journée à marchander, sa soirée à compulser ses livres, et la nuit il commence à dormir fort tard sur une misérable natte à la porte de son magasin.

Il paye exprès la patrouille nocturne, pour qu'elle le réveille d'heure en heure, de crainte que les voleurs ne lui enlèvent son magot. Ce genre d'exercice est peu agréable pour les voisins, qui sont troublés dans leur sommeil par les coups de crosse de fusils, appliqués par les soldats sur les portes des Banians.

Leurs boutiques sont horriblement malpropres. Il faut excepter certains jours de fête, où ils font des illuminations splendides, au milieu d'images chrétiennes et païennes dont ils décorent leurs maisons. Ainsi, on verra souvent avec peine des images d'animaux, qui sont leurs idoles, au milieu de tableaux de la sainte Vierge, de saints, de guer-

riers ou de photographies de batailles sanglantes, le
tout dans un pêle-mêle qui donne bien l'idée de la
grossière abjection de ce peuple.

En dehors des jours de fête, il faut du courage
pour entrer dans la boutique d'un Banian. Une
odeur de lait fermenté et de beurre rance, coupe
la respiration du visiteur ; car dans ces cases il
n'y a qu'une petite porte et point de fenêtres qui
permettent à l'air de se renouveler.

Rien de plus misérable que l'aspect de leurs maisons, malgré la grande quantité d'ivoire et de gomme
copale dont elles sont encombrées, et qui forment
les plus riches articles de commerce dans ses
parages.

La croyance à la métempsycose se traduit chez
les Banians par deux autres usages qui achèveront
de faire connaître ce peuple. Le premier est de
brûler les morts. On traverse de gros clous le crâne
du défunt pour l'empêcher d'éclater ; puis on va
déposer le corps sur la plage, où chaque Banian
porte un énorme morceau de bois pour construire
le bûcher.

Pendant qu'on brûle le cadavre, les Banians se
demandent les uns aux autres dans le corps de
quelle vache l'âme du défunt s'est réfugiée. Ils
tombent rarement d'accord. Afin de terminer la
discussion, ils jettent au vent les cendres du mort,
dès qu'il est consumé par les flammes.

Le second usage est d'honorer d'un culte, non-

seulement la race bovine, mais tous les animaux
en général. Il n'y a pas de reptile si malfaisant
ou d'insecte si incommode, qui ne puisse compter
au moins sur l'indulgence des Banians.

Un jour, étant entré dans la boutique de l'un
d'eux, je voulus écraser une punaise. Le malheureux sauta sur moi pour m'en empêcher en disant :
« Ah ! ne le faites pas ; là est peut-être l'âme de
mon père ou de ma mère. »

Cette charité que les Banians montrent pour les
animaux, on voudrait la leur voir exercer à l'égard
des pauvres noirs malades et infirmes, dont four-
millent les villes orientales. Des centaines de lépreux gisent dans les rues, ou se traînent sur les
coudes, puisque la lèpre leur a enlevé l'usage des
jambes.

Le Banian les voit sans y faire attention, tandis que s'il passe une vache il s'empresse de
lui donner à manger. O aberration de l'esprit humain ! qu'il est pénible de voir que le démon a
réussi à dégrader l'homme au point de le mettre,
dans l'esprit de ses semblables, au-dessous des animaux ! Religion de mon Dieu, soyez bénie, vous
seule inspirez la compassion pour le malheur.

———

CHAPITRE VIII

Continuation du voyage. — Le Boutre arabe. — Insolation du père Horner. — Une bourgade de sauvages. — Guérison d'une pauvre femme. — Portrait de Mousa, un des compagnons du père Horner. — Les Comoréens. — Mœurs et costume.

Le voyage de Mzizima et de Magagoni avait pour but de reconnaître cette partie de la Grande Terre, afin de trouver un endroit favorable à l'établissement d'une mission. Le succès fut négatif ; mais le but était atteint et l'expédition revint à Zanzibar.

« La musique du prince, dit le missionnaire, nous reçut à notre débarquement, et le Sultan lui-même me fit l'accueil le plus gracieux. A mes remercîments de ses bontés, il repondit : « Je n'ai fait que mon devoir envers la mission catholique qui rend tant de services à mes États. Je suis heureux d'avoir trouvé l'occasion de vous être agréable. »

Puisse le bon Dieu lui donner la vraie foi, en récompense de tant de bienveillance !

Bien qu'il n'eut duré que peu de temps, le voyage princier du père Horner produisit un effet considérable dans le pays et très-favorable à la mission. A cette occasion le consul de France disait : « La mission de Zanzibar est plus avancée après six ans d'existence, que les missions du Levant après un siècle. »

Afin de profiter de ces heureuses dispositions, le père Horner, dès le lendemain de son retour à Zanzibar, se remit en voyage. Comme la première fois, son but était de fixer le lieu de la côte qui devait recevoir définitivement la tente des premiers missionnaires.

Trouvant que la navigation royale avait quelque chose de moins évangélique et qu'elle faisait perdre trop de temps, je me suis décidé, dit le Père, à voyager à bord d'un boutre [1], en missionnaire et disciple pauvre d'un Dieu qui a bien voulu se faire pauvre pour l'amour de nous.

On me demanda d'abord cinquante francs par jour, prix exorbitant et au-dessus de nos moyens. L'amitié du secrétaire du Sultan, qui avait fait partout l'éloge de ma politesse, ainsi que l'intervention du chef militaire de la côte levèrent les difficultés, et je finis par obtenir un boutre à raison de cinq francs par jour, y compris la nourriture des gens de l'équipage.

[1] Le boutre est un bateau arabe long de 10 mètres, large de 3, avec une dunette de 2 mètres de largeur sur 80 centimètres de hauteur. Le milieu du boutre est recouvert d'un toit en feuilles de cocotier, la voile du petit bâtiment est triangulaire.

Le frère Marcellin fut désigné, à sa grande satisfaction, pour m'accompagner, puisqu'on n'était
pas trop rassuré sur l'état de ma santé. Comme il
brûlait d'envie, depuis longtemps, de voir la
Grande Terre, nos petits préparatifs furent vite
faits. Nous partîmes donc de Zanzibar le 2 septembre à 10 heures du matin, et à 5 heures du
soir, après une heureuse traversée, nous jetâmes
l'ancre dans le port de Bagamoyo.

Encore fatigué du précédent voyage, je m'étais
endormi sur le boutre, où un trou de la voile
triangulaire laissait passer le soleil, qui me donna
une insolation des plus fortes. J'en fus quitte pour
voir toute ma figure changer de peau et trembler la
fièvre, pendant tout le voyage et un mois après.

Comme je n'avais jamais eu la moindre attaque
de fièvre, j'attribuai mon mal à une simple indis-
position d'estomac. Je me traitai d'une manière
qui, à un tempérament moins robuste que le mien,
pouvait coûter la vie. Dévoré par une soif inex-
tinguible, je me fis apporter un litre de lait caillé,
qu'on appelle *mindé* dans le pays. Après avoir
absorbé ce lait, je me mis à manger des oranges
et à boire de l'eau en quantité.

Tous ces liquides produisirent une réaction très-
forte, qui me débarrassa, au moins momentané-
ment, de la bile qui me brûlait le corps. Soulagé du
côté de la fièvre, je fus pris de rhumatismes qui me
gênèrent beaucoup pour aller à cheval. Afin de

pénétrer le plus possible dans l'intérieur des terres, nous avions embarqué deux ânes, pour nous servir de montures.

Le lendemain de notre arrivée, nous allâmes visiter le village qui s'est formé près de Bagamoyo, par les émigrations des peuples de l'intérieur, dans un lieu autrefois désert. Dès qu'ils nous aperçurent, ces pauvres noirs, qui n'avaient jamais vu de blancs, commencèrent à détaler de toute la vitesse de leurs jambes

Ce n'est que peu à peu que ces sauvages se rassurèrent. Je dis *sauvages*, car nous voyions là des jeunes filles de dix-sept ans, sans vêtement et sans aucune idée de la pudeur : ce qui ne se rencontre ni à Zanzibar ni à Bagamoyo.

Un autre spectacle attira mon attention. Non loin de nous, j'aperçus une pauvre femme qui avait à la main une plaie affreuse, toute remplie de vers ; car ces insectes se multiplient fort vite sous les chaleurs équatoriales. Entré dans le village, je m'approche de cette malheureuse, qui se sauve précipitamment dans sa hutte en paille, dont elle barricade soigneusement la porte.

Du dehors je lui dis : « Pauvre femme, venez à la case où je demeure, et je guérirai votre plaie. —Oh ! non, répondit-elle ; j'ai peur ; car les blancs mangent le monde. » Il m'a fallu deux jours pour la convaincre du contraire, elle, ainsi que les autres habitants du village.

Après beaucoup d'hésitation, elle arrive enfin
dans la cour de l'indigoterie d'un Indien, où nous
demeurions. Pour la rassurer, car plusieurs fois,
arrivée jusqu'à la porte, elle avait pris la fuite,
je lui envoyai Mousa, personnage remarquable,
dont je ferai tout à l'heure la curieuse photographie.

Enfin elle s'approche et je dis à Mousa de nettoyer la plaie et d'y mettre une bonne quantité de
camphre pour tuer les vers. Aussitôt dit, aussitôt
fait. Mousa, ayant pour les hommes la même ten-
dresse que pour les chevaux, arracha à la pauvre
femme des morceaux de chair à la faire tomber
en syncope.

Au bout de huit jours, cette vilaine plaie était
presque guérie. Comme nous partions, la pauvre
femme vint me dire en pleurant : « Vous partez, et
ma plaie n'est pas entièrement guérie. Lorsqu'elle le sera, j'irai à Zanzibar vous porter une
poule. »

Je fus touché de cette simplicité pleine de reconnaissance, et je lui répondis : « Pauvre femme,
nous ne travaillons pas pour de l'argent ; nous
soignons les malades par charité pour le bon Dieu. »
A ces mots, elle joignit les mains, et leva les yeux au
ciel en s'écriant : « Ah ! vous faites cela pour Monggou
(Dieu) ; les Arabes ne font pas comme cela. »

Elle s'en alla en secouant à tout moment la tête,
levant les yeux au ciel et disant à toutes les personnes
qu'elle rencontrait : « Voyez : ces blancs vous gué-

rissent non pour de l'argent ou des poules, mais
uniquement par amour pour Monggou. »

Pauvres gens ! jusque-là ils n'avaient pas même
l'idée de ce que peut faire la charité chrétienne.
Aussi furent-ils émerveillés de la bonté des blancs,
et ils nous virent partir avec de sincères regrets.
J'ai donc constaté une fois de plus qu'en guérissant
les plaies du corps de nos Africains, on arriverait
en peu de temps à guérir les plaies mille fois plus
hideuses de leur âme.

Afin de n'être pas trop long, je passe sous silence
d'autres faits non moins significatifs, pour faire en
peu de mots le portrait de Mousa, mon compagnon
de voyage.

Mousa est un Arabe et le commissionnaire de la
mission, à laquelle par son dévouement il rend de
grands services. Jamais embarrassé de rien, cet
homme est précieux surtout en voyage, d'autant
plus qu'il sait plusieurs langues ; il a, de plus, un
léger penchant à la gasconnade.

Musulman pour la forme, il ne se gêne pas de
dire que Mahomet a menti ; que Dieu ne peut pas
défendre des choses aussi bonnes que le vin et le
porc ; que du reste Mahomet a été pris en flagrant
délit, attendu qu'il avait quinze femmes, et que
Dieu ne permet d'en avoir que quatre.

Angasia (Comoréen) d'origine, Mousa descend
comme ses compatriotes des anciens aborigènes
de la Grande Comore, qui se sont fusionnés avec

les colons venus de Chiraz. La Grande Comore est une île volcanique et rocheuse, dans l'océan Indien.

Ce n'est pas m'écarter de mon sujet, de vous parler de ses habitants, d'autant que ce peuple singulier est à peine connu de l'Europe, bien qu'il soit très-répandu.

C'est à tel point que depuis Singapour jusqu'au cap de Bonne-Espérance, on trouverait difficilement un seul point, du littoral, sans Comoréen. Ces fiers montagnards sont tous d'habiles pêcheurs et de hardis marins. Sortis d'un pays pauvre, ils trouvent partout des moyens d'existence.

Les Comoréens sont en général chicaneurs, turbulents, menteurs et d'une honnêteté douteuse. Cependant le sentiment de la famille est chez eux un peu plus fort que chez les Arabes et les Souahilis. Ils supportent admirablement la misère et l'emportent sur les peuples voisins par l'amour du travail.

D'après les traits du visage et la couleur de la peau, les Comoréens ne peuvent être classés avec certitude dans aucune race. Il arrive souvent que parmi les enfants de la même famille, l'un a le profil pur de la race arabe et la peau noire, tandis que l'autre a tous les traits du nègre et la peau presque blanche. Par là on voit combien il y a eu de races mélangées dans les îles Comores.

Les femmes des Comoréens, considérées comme musulmanes, sont très-sages. Elles vivent trèsrecluses, et mènent le genre de vie des femmes de l'Orient. Leur teint est noir ou cuivré. Leur costume est tout à fait bizarre et loin d'être agréable. Elles portent un pantalon blanc très-large, qui leur descend jusqu'à la cheville, où il est serré au moyen d'une coulisse.

Leurs épaules sont couvertes d'un gilet sans manches, d'étoffe rouge ou verte, orné de franges et de galons et se terminant par devant, par deux pointes auxquelles pendent des glands. Leur coiffure donne une expression grotesque à leur figure, généralement large et bouffie. Elle consiste en une calotte de soie piquée, posée sur la tête dénudée; car, de même que les hommes, elles se font raser la tête tous les vendredis, jour de dimanche pour les sectateurs de Mahomet.

Ces femmes ont des dents affreuses, brûlées qu'elles sont par la chaux et le bétel dont elles mâchent un mélange du matin au soir. Leurs lèvres sont barbouillées de rouge, leurs sourcils et leurs cils teints en bleu foncé, et leurs ongles en rouge avec du henné, appelé *mindi* dans le pays.

Le vêtement des hommes est celui des Arabes, dont ils professent la religion. Tel est le peuple auquel appartient Mousa. S'il a quelques-uns des défauts de sa race, il en a aussi les bonnes qualités; nous le verrons dans le récit de notre pérégrination.

CHAPITRE IX

Les Indiens de Bagamoyo. — Les Codjas et les Bohras. — Leur religion, leur costume, leur mœurs, leur commerce. — Anecdote. — Le village de Kingani. — Fabrique de sel. — Les ânes et les missionnaires embourbés. — Forêt peuplée de bêtes féroces. — Visite nocturne des hippopotames.

Je reviens à Bagamoyo. Sur ce point de la côte, qui me paraît très-propre à l'établissement d'une mission, il y a une vingtaine d'assez belles maisons bâties par des Indiens, en vue de faire le commerce avec les peuplades de l'intérieur.

Les Indiens dont je parle sont presque tous musulmans et ne s'occupent pas de prosélytisme. Ils se divisent en Codjas et en Bohras, sectes qui dans le fond diffèrent peu entre elles. Une bonne partie du commerce de la côte est entre leurs mains.

Le costume de ces Asiatiques contraste tellement avec celui des Européens, qu'il est curieux à connaître : il en est de même de leurs mœurs.

Pour les hommes, le costume se compose d'un cafetan de madapolam, d'un pantalon, d'un turban blanc ou de couleur, roulé autour d'un bonnet fortement tressé de petits rubans multicolores, et d'une écharpe qu'ils jettent sur leurs épaules quand ils veulent sortir. Quoique plusieurs d'entre eux aient adopté la longue tunique blanche des Arabes, ils se coiffent toujours à la mode nationale.

Les femmes Codjas portent la robe de couleur et le pantalon étroit comme les femmes arabes. Les femmes Bohras ont conservé la primitive mode indienne. Ainsi, elles se couvrent d'une camisole de mousseline, d'un jupon et d'un châle. Sauf celles des riches négociants, les femmes des deux sectes ne se voilent point le visage, comme les femmes des Arabes.

Bien différentes de ces dernières, qui fuient partout la présence des étrangers, les femmes indiennes ne craignent pas de paraître en public. Néanmoins elles se tiennent habituellement dans leurs boutiques et s'occupent de leur commerce.

Elles ont un attrait irrésistible pour les bijoux, et, si leurs moyens le permettent, elles se chargent le corps d'une immense profusion de boucles d'oreilles, de colliers et de bagues. Tous les doigts de leurs mains et de leurs pieds sont couverts de ces objets de luxe.

Mais ce qui ébahit l'Européen nouveau venu, c'est de voir l'énorme cadenas en or qu'elles attachent à leur narine gauche. Quoique musulmanes, ces femmes sont monogames et d'une conduite généralement irréprochable.

La boutique de l'Indien est sa patrie : il n'en connaît pas d'autre. C'est là qu'il passe sa vie entière au milieu de sa famille et de ses marchandises. On ne pourrait faire la description de la boutique indienne, qu'autant qu'on épuiserait tous les termes relatifs au commerce.

En effet, on y trouve de tout. A l'entrée de ce petit monde vous voyez des paniers, des boîtes et des sacs qui contiennent les articles les plus hétérogènes. Sur le fond de la boutique se détachent quelques rayons chargés de cotonnade. A côté vous apercevez des épices, des minéraux, des médicaments, des graines de toute espèce, de la verroterie, de la vaisselle, le tout dans un pêle-mêle indescriptible. Voici, plus bas, l'essence de rose à côté du goudron, le thé à côté du soufre et du savon.

Chez le marchand pauvre, où l'on ne saurait rencontrer ce riche étalage d'objets de commerce, on trouve pour toute symétrie un fonds de boutique, qui fait vivre une nombreuse famille. Il se compose ordinairement d'un panier de riz, d'un sac de mtama, d'un sac de sel et de quelques épices pour faire le carick.

On se demande comment ces pauvres gens peuvent vivre de si peu de chose, d'autant plus que leur état de gêne est augmenté par les préjugés, qui leur défendent tout travail servile. Ainsi, la femme indienne qui irait puiser de l'eau au puits ou mettrait du bois au feu se croirait déshonorée. Malgré leur peu de ressources, elles ne peuvent se passer d'esclaves.

5.

Pour comprendre cette étrange vie de nos Indiens, il faut savoir que dans les familles pauvres
on ne fait la cuisine qu'une fois par semaine. Afin
de conserver les mets qu'on fait cuire, on y met une
énorme quantité de piment et d'épices : une marmite
de riz et quelques gâteaux font ainsi une semaine.
Une poignée de ce riz froid et une parcelle de ces gâteaux, constituent souvent tout le repas de la famille.

Leurs jours de fête, les Indiens se cotisent pour
faire un repas commun, dans une maison spécialement destinée à cet usage. Il est bien entendu
qu'ils jeûnent trois jours à l'avance pour gagner de
l'appétit. C'est une particularité dont il faut se souvenir, avant d'inviter les Indiens à dîner.

Un négociant européen de Zanzibar, ayant un
jour invité tous les Indiens avec qui il commerçait,
à un repas public qu'il donnait en leur honneur,
ne savait plus comment les rassasier.

Voyant son étonnement, l'un d'eux, plus franc
que les autres, lui dit : « Monsieur, vous vous êtes
trompé. Vous n'avez fait préparer de la nourriture
que pour un jour, tandis que chez nous l'usage est
d'en préparer pour six jours, attendu que nous ne
mangeons pas les trois jours qui précèdent le grand
repas, et qu'à ce repas nous mangeons pour les
trois jours qui suivent. » Avis à nos compatriotes.

Quoique musulmans, nos Indiens n'admettent
pas la polygamie ; le divorce même est très-rare
parmi eux. Pour préserver leurs enfants de la cor-

ruption, ils les marient fort jeunes. Le nombre des naissances est chez eux, grâce à la monogamie, cinq fois plus grand que chez les autres peuples de l'Afrique, surtout chez les Arabes.

Tout cela est dû au mahométisme, que la politique insensée de certains gouvernements protége et encourage dans ses calomnies [1].

Après avoir fait connaître les premiers peuples que j'ai rencontrés sur la Grande Terre, je continue mon voyage. Partis de Bagamoyo, vers le milieu de septembre, nous allâmes visiter le village de Kingani, situé sur les bords du fleuve du même nom. Les habitants vivent de pêche et de la fabrication de sel marin, qu'ils font évaporer d'une manière primitive.

De distance en distance, ils creusent dans les lagunes des trous qui reçoivent les particules salines des eaux dormantes. Ils passent le contenu dans une espèce de passoire en terre cuite. L'eau qui s'en écoule est recueillie dans un vase, où on la fait bouillir; puis, on sèche au soleil les parcelles devenues solides.

---

[1] Cette influence funeste de la polygamie a été signalée par tous les voyageurs. Il n'en peut être autrement. La monogamie étant une loi divine, nul ne peut la violer impunément. Cette diminution de la famille conduit à la traite, soit pour avoir des travailleurs, soit pour avoir des femmes afin d'alimenter les harems. De là vient que sur les marchés à esclaves, les jeunes filles se vendent plus cher que les garçons! Voir la Traite orientale, p. 39, 275, etc.

J'ai admiré la blancheur de ce sel qui est fin comme le sable. Ces industriels primitifs le vendent, contre son poids de graines nourricières, aux populations de l'intérieur, où il n'y a que deux grands marchés de sel. De nos jours encore, le sel est pour les Abyssiniens et bien d'autres peuples de l'Afrique un objet de luxe. Aussi ne mange pas du sel qui veut en Afrique. Pour dire que quelqu'un est très-riche, il suffit de dire qu'il mange du sel.

Voici de quelle manière certaines peuplades de l'intérieur se procurent ce précieux condiment. Lorsque les caravanes n'en portent pas, on coupe les hautes herbes des marais, on les brûle et on recueille la cendre qu'on lave avec soin. Cette eau qui a servi à laver la cendre est passée à travers un linge, en guise de filtre. On la fait ensuite bouillir toute une journée, et on finit par obtenir quelques parcelles de sel.

Venus pour reconnaître le fleuve Kingani, nous nous avancions tranquillement dans ces lagunes, lorsque tout à coup nos ânes s'embourbèrent jusqu'au ventre et nous jetèrent dans la vase, qui nous avait paru solide.

Après avoir tracé, bien involontairement, nos effigies dans la boue, notre premier soin fut de tirer, non sans peine, de nos cheveux et de nos barbes la terre collante qui s'y était attachée. Il était risible sans doute de nous voir en cet état, mais peu rassurant pour nos ânes qui ne pouvaient plus bouger.

Force nous fut de les prendre l'un après l'autre par l'endroit le plus sensible, c'est-à-dire par la queue, et de tirer fortement afin de dégager le gouvernail. Nos forces réunies triomphèrent des obstacles et nous pûmes continuer notre route par un chemin, qui nous faisait traverser une belle forêt.

Ce bois a l'agrément d'être peuplé de lions, de tigres, de sangliers et de milliers de pintades. Nous nous y engageâmes, je ne dirai pas tout à fait sans crainte ; mais néanmoins convaincus que Celui pour qui nous voyagions nous préserverait de tout malheur : notre confiance ne fut pas trompée.

Les lions et les tigres restèrent dans leurs cavernes et nous arrivâmes sains et saufs sur les bords du Kingani. A quelque distance de ce beau fleuve, nos ânes s'embourbèrent de nouveau. Cette seconde aventure nous força de battre en retraite, sans avoir pu visiter autre chose que quelques terres, dont l'aspect n'offre rien de remarquable.

Comme le soleil allait descendre sous l'horizon, nous nous hâtâmes d'élever une cabane pour nous mettre en sûreté, nous et nos montures. Pendant la nuit nous reçûmes la visite d'une bande d'hippopotames, qui passèrent devant la porte ouverte de notre appartement, en reniflant à faire peur à

celui qui ne connaîtrait pas les mœurs de ces animaux.

Hors de l'eau ces amphibies sont inoffensifs.
Ils passent leurs journées dans les fleuves, et la
nuit ils vont dans les environs brouter l'herbe ou
manger le riz en paille.

CHAPITRE X

Dès le lendemain, nous partîmes pour nous
avancer dans l'intérieur des terres. Notre but était
de faire une grande excursion au pays des Vazaramo. Nous nous mîmes en route, le frère Marcellin,
Mousa et moi, accompagnés de deux soldats Béloutchis, dont la bravoure ne rivalise pas avec celle
des zouaves français, comme nous le verrons tout
à l'heure. Dans l'intérêt des confrères qui nous
succéderont, un mot sur ces nouveaux personnages.

Venus, dans l'origine, du Mékran et des environs
de Guadel, ces soldats ont gardé le nom de Béloutchis, quoiqu'ils soient généralement natifs de
l'Oman. Autrefois, leurs grands-pères, mourant de
faim chez eux, passèrent à Mascate.

Là, ils firent le métier de portefaix, de glaneurs
de dattes, de voleurs et de mendiants, jusqu'à ce
que l'aïeul du Sultan actuel leur mît un fusil à la

main, pour en faire des askaris (soldats) et faire
rougir ses sujets de leur insubordination.

La bassesse du caractère et l'envie de mendier,
sont encore aujourd'hui les qualités distinctives de
ces fameux soldats. Ajoutez seulement qu'ils sont
bruyants en paroles, tapageurs et poltrons à l'excès.
Esclaves de leur ventre, nos deux guerriers n'étaient
jamais contents de la nourriture que nous leur
donnions. Cependant ils ne sont rien moins qu'habitués à la bonne chère.

Leur paye est de douze francs par mois, avec
obligation de se nourrir et de se vêtir. On ne leur
fournit que le fusil et la poudre ; le reste est à
leurs frais. Aussi, je le répète, à leur tenue on les
prendrait plutôt pour des mendiants attitrés que
pour des soldats. Toutefois ils aiment le service
actif, car en campagne ils ont le droit de rapiner
et de tuer.

Les Béloutchis sont commandés par un *Tchéma-
dar*, chef militaire qui, sans avoir jamais oublié ni
écriture ni calcul, en sait cependant assez pour
voler le régiment avec l'assurance de l'impunité.
Ce chef distribue les grades et passe le temps à se
disputer avec ses subordonnés, qui l'accusent de
leur voler leur argent.

Les plus jeunes se battent entre eux, et brûlent
de la poudre, tandis que les barbes blanches racontent les grandeurs et les prospérités de l'ancien
béloutchisme. Après un pareil portrait, il est facile

de comprendre que nos deux soldats étaient pour nous plutôt un embarras qu'une défense.

Partis de grand matin, nous traversâmes des plaines immenses d'une végétation luxuriante. Les herbes avaient en moyenne trois mètres de hauteur. Assis sur nos ânes, nous disparaissions complétement, de manière que nous ne pouvions nous rendre compte de l'étendue du terrain. Pour élargir l'horizon, nous montâmes sur des arbres, et, de là, nous pûmes admirer à loisir et la dimension et la fertilité de ces vastes terrains, laissés en friche par la sauvagerie africaine.

Tant que nous marchions en rase campagne, nos Béloutchis faisaient assez bonne contenance, puisqu'il n'y avait pas de danger. Mais une fois près des villages des Vazaramo, qui passent pour être méchants, il n'était plus possible de les faire avancer.

Arrivés en vue de Dounda, village où il y a un grand entrepôt de riz et d'autres comestibles, nos braves déclarèrent qu'ils ne feraient plus un pas en avant. Je leur déclarai, à mon tour, que je tenais à voir ce village si renommé et qu'à tout prix il fallait continuer.

Alors ils voulurent m'effrayer moi-même, en me chantant je ne sais quelles histoires. « Les Vazaramo, me disaient-ils, s'empareront de nos personnes, nous attacheront les mains derrière le dos, nous demanderont une forte rançon après nous avoir fait prisonniers, et peut-être nous égorgeront, comme ils ont fait de tant d'autres. »

Trouvant leurs craintes puériles, je leur dis que je ne savais ce que c'était que la peur. Après quoi je continuai d'avancer avec le frère Marcellin, qui essayait d'inspirer du courage à ces poltrons.

Notre exemple et nos paroles firent sur eux l'effet d'une cymbale retentissante, et tout d'un coup les rôles furent intervertis. Au lieu de nous précéder, nos braves se mirent à l'arrière-garde. Voyant que nous avancions toujours, ils s'assirent par terre et nous laissèrent tranquillement continuer notre voyage.

J'avoue que si je n'avais pas porté une soutane, je me serais servi du même moyen, employé par certains voyageurs, qui ne leur ont pas épargné les coups de bâton.

N'étant pas armés et ne connaissant pas les chemins, nous fûmes bien obligés d'interrompre notre course et de nous réfugier dans le premier village venu. Ce village s'appelle Bomani. Dans la langue du pays, Bomani signifie estacade ou forteresse.

En effet, Bomani est un village anciennement fortifié et qui a été brûlé en grande partie par les Vazaramo, il y a une dizaine d'années. Ayant passé toute la matinée dans les hautes herbes mouillées, nous étions trempés jusqu'aux os. Notre premier soin fut de changer de linge. Dans les pays tropicaux, garder du linge mouillé, c'est s'assurer la visite de la fièvre.

A peine avons-nous changé de linge, qu'un orage éclate, accompagné d'une de ces pluies torrentielles, qu'on ne voit que dans les régions voisines de l'équateur. Nous nous réfugions dans la case d'un noir. La couverture trop faible plie sous l'averse et l'eau tombe à flots. Située au pied d'une colline, la case recevait, en supplément, toute celle qui en descendait.

Bientôt deux pieds d'eau dans l'intérieur nous forcèrent à sortir, et en un instant nous n'eûmes plus un fil de linge sec à notre disposition. Il est vrai, nous avions, pris nos précautions en portant des habits de rechange ; malheureusement elles furent inutiles.

Obligés, pour revenir à Kingani, de repasser au travers des hautes herbes mouillées, nous fûmes de nouveau trempés comme nous l'avions été le matin. C'est ainsi que nous gardâmes forcément une journée entière nos vêtements imbibés d'eau. Nos guerriers employèrent un moyen qui ne pouvait nullement nous convenir. Ils marchèrent tout nus, en portant leurs habits sous le bras.

Cette journée me valut une recrudescence de fièvre et de rhumatisme qui me condamna à prendre deux jours de repos. Néanmoins, je ne perdis pas mon temps. Je l'employai à prendre des renseignements sur les Vazaramo, premier peuple de l'Afrique qui recevra de notre bouche les paroles de vie. Pour cette raison je dois faire connaître ce peuple énergique, qui n'a jamais consenti à se laisser voler ni piller par les Arabes.

Un mot d'abord sur leur nom. Dans les divers idiomes de ces contrées, qui se rattachent à la langue souahili, le nom éveillant l'idée première ne s'emploie qu'avec un mot ou une lettre qui en modifie le sens.

Ainsi, *Ou* signifie région, contrée, pays. *Ouzaramo* signifiera donc pays des Zaramo. *M*, devant une voyelle, étant l'abréviation de *mtou*, qui veut dire homme, indique l'individu. Exemple : *Mzaramo*, habitant de l'Ouzaramo.

Le pluriel se forme en remplaçant *m* par *va;* contraction de *vatou*, qui veut dire hommes ou peuples. Exemple : *Vazaramo*, peuples de l'Ouzaramo. Soit dit pour les philologues et pour nos futurs confrères.

Quoique ayant, comme tous les vrais nègres, les cheveux crépus, le nez plat et les lèvres saillantes, les Vazaramo présentent quelques traits particuliers, qui indiquent un caractère bien décidé. Il est vrai, on en voit peu de grands et de sveltes, comme parmi les Nyamouézi ; mais, d'une taille moyenne et bien prise, ils sont forts et courageux.

Malheureusement leur valeur brille surtout dans la chasse qu'ils font aux esclaves. C'est par ce honteux trafic qu'ils se procurent les vêtements les plus beaux de l'Afrique orientale ; car aucune peuplade ne les égale pour la tenue extérieure. Il y a même quelque chose de recherché dans la manière de tresser leurs cheveux et d'enduire leur personne avec de l'argile rouge.

L'Ouzaramo est généralement formé de monticules peu élevés et de plaines d'une fertilité prodigieuse, couvertes d'arbres et de hautes herbes. Tous les Vazaramo que j'ai pu voir, m'ont assuré unanimement que les terres sont si productives, que les bananes deviennent presque aussi grosses que le bras d'un homme.

D'après ce que j'ai vu moi-même, cette contrée est réellement d'une végétation splendide. Aussi les habitants sont essentiellement agriculteurs, ce qui ne contribuera pas peu à leur moralisation future.

En beaucoup de points, les Vazaramo font exception aux autres peuplades de l'intérieur. Ils bâtissent, de distance en distance, de petits villages, dont les chefs sont pour la plupart soumis au Sultan de Zanzibar.

Dans la vente des esclaves qu'ils prennent, des animaux qu'ils élèvent et des grains qu'ils récoltent, ils trouvent une aisance relative.

Le Vazaramo ne sort jamais de chez lui sans son arc et son carquois, rempli de flèches empoisonnées et soigneusement entretenues. Le carquois est ordinairement sculpté avec un goût qui étonne de la part de ces sauvages.

Les femmes des Vazaramo sont de petites créatures dodues, à la peau couleur marron et aux yeux saillants. En guise de coiffure, leur tête est couverte d'une pâte composée de chaume et d'argile et qui forme une espèce de toit.

Pour habillement, elles portent une ceinture aux reins, et une sorte de plastron en verroterie sur le haut du corps. Les chevilles des pieds, les poignets, les bras au-dessus du coude sont serrés d'anneaux de fil de cuivre qui s'enterrent dans la chair. En somme, elles n'ont pas une idée bien claire de la modestie.

Chez ces pauvres gens le mariage est une pure spéculation commerciale, comme chez la plupart des peuples africains. Le père, maître absolu de sa fille, la cède au plus offrant. Le prix qui se paye en vaches, chèvres, volailles, fils de laiton, esclaves ou verroteries, revêt cependant le titre de dot. Le nœud conjugal ne crée pas de lien indissoluble.

Une femme mécontente de son mari peut retourner chez son père, si elle rend la dot précitée ; tandis que le mari a le droit, en la répudiant, de réclamer la moitié de ce qu'il avait donné pour l'avoir. La raison en est que la moitié représente la dépréciation causée par la répudiation.

La polygamie devient ainsi une source de richesses, dans un pays, où la fortune se calcule sur le nombre des enfants. La naissance des filles est plus désirée que celle des garçons. Dès qu'ils peu-

vent se suffire, ces derniers font leur bourse à part;
tandis que, jusqu'à leur mariage, les filles travaillent pour le bien commun de la famille.

Partout se manifeste l'injuste infériorité ou plutôt
l'esclavage de la femme, non réhabilitée par l'Évangile.

Tantôt la naissance de deux jumeaux est regardée comme une bénédiction, à cause du surcroît
de forces qu'elle donne à la famille ; tantôt comme
une malédiction dont on se débarrasse en tuant
les pauvres petits êtres. Tout cela dépend de la
réponse que fera le Mganga. Bientôt je vous ferai
connaître cet odieux personnage.

En attendant, je dois ajouter que d'autres superstitions déplorables font des Vazaramo un
peuple cruellement féroce. Ainsi, ils égorgent ou
jettent dans les forêts en pâture aux bêtes fauves
les enfants qui naissent le dimanche ou pendant la
pleine lune : cela sous prétexte que les enfants nés
dans de pareilles conditions sont et seront mauvais.

L'enfant vient-il au monde avec le moindre défaut corporel, ou avec une constitution faible, aussitôt la mère dit: «MTOTO HCNIOU MBAYA, *Cet enfant
est mauvais*,» et elle va le jeter dans les broussailles, pour en régaler quelque hyène ou quelque
chacal.

Quand on se rappelle qu'une barbarie semblable
régnait légalement à Sparte, comment douter que

le même esprit a toujours dominé et domine encore le monde païen ?

Si la grossesse de la mère a été pénible, c'est une raison suffisante pour tuer l'enfant dès sa naissance. Même les enfants parvenus à un certain âge ne sont pas épargnés, s'ils grincent des dents. On les jette également dans les broussailles, où ils deviennent la proie des animaux carnassiers.

Toutefois, depuis quelques années on trouve des mères qui, attirées par l'appât du gain, portent leurs enfants à la côte, pour les vendre à des prix très-minimes. Ainsi, j'ai vu de ces enfants que leurs propres mères avaient vendus à raison de *vingt-cinq sous.*

Ces petits êtres font pitié. Des noirs qui les achètent pour en faire des esclaves, ne les nourrissent guère que de fruits tombés des arbres. Je crois qu'en moyenne nous serons obligés de payer cinq francs par enfant, puisqu'on vend toujours plus cher aux blancs qu'aux indigènes.

Le chef militaire de la Grande Terre et d'autres personnes compétentes m'ont assuré qu'on pourra, chaque année, se procurer des centaines de ces pauvres petites créatures. Si jamais nous avons des ressources, quel riche commerce nous ferons !

CHAPITRE XI

Partout où il règne, le grand singe de Dieu, qui
est aussi le grand assassin de l'homme, Satan, a
ses prêtres, ses victimes, ses devins ou sorciers et
ses faiseurs de prestiges. Partout il cherche, et
il n'y réussit que trop, à tourner à son profit la
croyance au monde surnaturel.

Cette croyance, qui ne s'est jamais perdue chez
aucun peuple, nous l'avons trouvée chez les Vazaramo. Le Mganga, dont j'ai à vous parler, est tout à
la fois prêtre, médecin et sorcier. On lui attribue
surtout le don de connaître l'avenir et les volontés
de Dieu.

L'influence du Mganga est fort grande. S'il déclare
que le passage d'étrangers dans la contrée sera le
prélude de toutes sortes de calamités, telles que
sécheresses, famines ou guerres, le voyageur est
certain de trouver l'entrée du pays rigoureusement
fermée comme je l'ai vu à Séga.

6

L'instrument divinatoire de ces suppôts du démon, est une corne de vache ou d'antilope, remplie de quelque poudre magique. Cette corne piquée en terre à l'entrée du village, est censée rendre impossibles ou inutiles les attaques de l'ennemi.

Pas un nègre de l'Afrique orientale qui n'ait foi au même talisman. On le porte en tête des caravanes, pour éloigner les fâcheuses rencontres. On s'en sert pour préserver les champs de bananes du ravage des éléphants. Les particuliers et les rois le placent sur leur front pour détourner le *mauvais œil*.

«Arrivés dans l'Ouzenza, dit le capitaine Speke, nous fûmes reçus par le roi du pays, nommé Mataka. C'était un assez bel homme d'une trentaine d'années. Il portait sur son front, par manière de couronne, le fond d'une grosse coquille marine découpé en cercle, et plusieurs petites cornes d'antilope bourrées de poudre magique, afin de détourner le mauvais œil.

«Si je ne vous ai pas reçu le premier jour, me dit-il, c'est qu'il fallait, à cause de votre qualité d'étranger, vérifier, au moyen de la corne magique, si votre présence devait ou non causer quelque malheur. Je puis vous dire maintenant que non-seulement je n'ai rien à craindre de vous, mais de plus que votre voyage s'accomplira heureusement [1]. »

[1] *Tour du monde*, p. 227 et 302.

Au moyen de la corne magique, le sorcier prétend aussi découvrir les objets perdus ou volés. C'est le devin actuel de certains pays civilisés. La croyance aux talismans est tellement enracinée dans l'esprit, non-seulement des Vazaramo, mais de tous les peuples d'Afrique, qu'ils construisent au malin esprit une multitude de petites huttes dans les champs. Elles sont comme les églises ou chapelles de ces pauvres idolâtres.

Parmi leurs coutumes religieuses, il en est qui font horreur. Dans le temps où l'on craint la guerre, le Mganga inspecte le sang et les os d'une volaille écorchée, afin de connaître l'issue de la lutte. Ainsi faisaient les Grecs et les Romains. Sous ce rapport, ces peuples tant vantés et si faussement admirés étaient au niveau du nègre.

Si la victoire paraît douteuse, le magicien se fait apporter un enfant, qu'il tue et dépouille de sa peau. Puis, l'étendant de tout son long au travers du grand chemin du village, il ordonne aux guerriers de franchir ce cadavre sanglant, afin de s'assurer la victoire.

S'agit-il de connaître le moment précis où commenceront les hostilités? Le suppôt du grand homicide place sur le feu, un grillage de lattes entrecroisées, sur lequel il met un enfant vivant et une poule.

Il les y laisse un certain temps, après lequel il examine si les victimes sont mortes, ou si elles

vivent encore. Si elles sont mortes, la guerre doit
être différée. Si elles sont vivantes, les hostilités
s'ouvrent immédiatement.

Ces usages superstitieux, et d'autres encore,
constituent à peu près toute la religion de nos
futurs disciples. Il en est un que je dois encore
vous faire connaître. Au bord des routes, ils bâtissent des cabanes d'un pied de hauteur, au Dieu
des forêts, appelé Zimou. D'après leur croyance,
le Zimou est un être méchant qui mange le monde,
et qui donne de cruelles maladies à ceux qui passent devant sa demeure, sans y déposer quelque
offrande.

Ils croient que ce *Pépo* (esprit), aime passion-
nément la musique. Lorsqu'une personne, atta-
quée par lui, a le courage de chanter ou de battre
du tambour, il commence à danser. Alors sa tête,
ses bras, ses jambes, se séparent, ses yeux sortent
de leur orbite, ses dents tombent de la bouche,
et chaque membre du corps danse séparément.
Lorsque le matin arrive, aux premières clartés de
l'aurore, tous les membres se ramassent et disparaissent.

Tel est, dans ses traits les plus saillants, ce pauvre
peuple des Vazaramo, dont nous allons, dans quelques mois, entreprendre l'évangélisation. Comme
on voit, ces âmes, et il y en a des milliers, sont
bien abruties, bien courbées sous le joug du démon.

Mais plus grande est leur dégradation, plus grand

aussi doit être notre courage pour voler à leur secours. Hélas! ils ne sont pas une exception. Qu'on
le tienne pour certain, les peuples de l'Afrique
orientale sont, sans contredit, les plus délaissés du
globe entier.

Sauf quelques rares contrées traversées, dans ces
derniers temps, par de hardis voyageurs, on peut
dire que les parages équatoriaux sont encore à
découvrir. Voici treize ans que j'étudie l'Afrique,
dont j'ai fait le tour, et je trouve tous les jours de
nouveaux horizons qui s'ouvrent devant le zèle
apostolique.

Le plus grand malheur de l'Afrique est d'être peu
connue en Europe, ou plutôt connue en mauvaise
part. Deux préjugés surtout circulent comme monnaie courante : l'un relatif au pays que nous habi-
tons, l'autre à l'inaptitude incurable de la race
nègre. Dans l'intérêt de la vérité et de la civilisation
future de l'Afrique, qu'on veuille bien écouter deux
mots de réponse.

D'abord, on s'obstine à dépeindre sous un faux
jour la côte de Zanguebar, et en particulier l'île de
Zanzibar. L'inclémence du climat, l'hostilité des
indigènes et la difficulté des communications, ont
été exagérées d'une manière ridicule.

La vérité est que l'île de Zanzibar jouit d'un climat beaucoup plus tempéré, que sa position géo-
graphique ne le laisse supposer. Située près d'un
continent, elle est rafraîchie par la brise de terre

et de mer. La saison des pluies dure quarante jours. Pendant les fortes chaleurs la rosée nocturne remplace les pluies dans cette île, qui est d'une fertilité remarquable.

Les Européens qui la voient pour la première fois, ne peuvent s'empêcher d'en admirer la beauté. Les énormes manguiers, les cocotiers, les girofliers, donnent à ce petit pays l'apparence d'une immense forêt, entourée de corbeilles de fleurs.

La proximité des hautes montagnes du continent attire les orages, qui ne se font entendre que trois ou quatre fois par an. La température varie de 24 à 34 degrés centigrades, ce qui donne une moyenne de 28 degrés, chaleur très-supportable.

M. d'Avezac, généralement exact dans son ouvrage sur les îles africaines, dit en parlant de Zanzibar : « Le climat de cette île passe pour être très-sain. La saison des pluies occasionne quelques fièvres, mais elles sont de peu de durée et ne présentent pas ce caractère de malignité qui rend si redoutables les fièvres de Madagascar. La salubrité du pays est d'ailleurs confirmée par tous les navigateurs qui ont fréquenté cette côte. »

Cette appréciation est vraie et répond au premier préjugé, tiré de l'insalubrité du climat.

Je viens au second préjugé, savoir, que les nègres sont incapables de sociabilité, d'éducation et de perfectionnement moral. Au lieu de répondre moi-même, je vais laisser parler deux voyageurs non suspects.

Le premier est le capitaine Speke. Il connaissait parfaitement les noirs, puisqu'il a exploré l'Afrique orientale sur une étendue de dix degrés, depuis le cinquième degré nord, jusqu'au cinquième sud. Voici ce que dit l'intrépide voyageur, dont la véracité ne saurait être mise en doute par personne.

« Il est absurde de prétendre que le nègre est incapable d'éducation. Les enfants noirs, en petit nombre, élevés dans nos écoles, ont presque toujours fait preuve d'une intelligence et d'une aptitude au moins égales à celles des élèves européens. Entre eux, d'autre part, les fils de Cham déploient une subtilité de ruses, une vivacité de reparties, une fertilité d'inventions, qui malheureusement se révèlent par les mensonges les mieux trouvés, débités avec un sans-façon et un naturel tout à fait amusants.

« La censure que provoquent chez nous les nègres, nous la méritons bien plutôt que ces pauvres ignorants, nous qui, mieux doués et riches de qualités supérieures, avons négligé de les instruire [1]. »

Dans son *Voyage aux grands lacs de l'Afrique orientale*, le capitaine Burton s'exprime ainsi : « Le nègre a une intelligence surprenante, et beau-

---

[1] Préface des *Sources du Nil*.

coup plus vive que celle du paysan anglais, resté
sans éducation. Il y a chez ces barbares une
sociabilité que rien ne peut affaiblir, pas même
un milieu, où l'homme est pour l'homme un article
de vente.

« Ces rapaces ont un point d'honneur qui leur
fait déposer, avant de fuir, l'étoffe et la rassade
qu'ils adorent, et perdre leur propre bien, plutôt
que d'emporter la charge qui leur est confiée. »

Il arrive quelquefois que certains voyageurs qui
subissent pour la première fois le contact de ces
natures dégradées, concluent à leur inaptitude au
développement moral : ils en jugent trop superfi-
ciellement. Quant au missionnaire qui les étudie
sans préjugés et qui les aime, puisque ce sont des
âmes à sauver, il ne conclut pas de leur corruption
présente à l'éternité de leur abrutissement.

Il s'attache au peu de bien qui est en elles pour
le développer, et souvent il est étonné des ressources qu'il rencontre dans ces âmes, restées sans
culture. Je suis heureux de pouvoir en donner la
preuve, non par des raisonnements, mais par des
faits.

CHAPITRE XII

Chaque jour, du matin au soir, quand je suis à Zanzibar, j'ai sous les yeux la réponse vivante au préjugé que je combats. Si les contempteurs des nègres veulent la voir, qu'ils fassent avec moi une visite à notre maison de la Providence.

Le nombre de nos enfants rachetés s'élève à cent soixante-dix [1], dont quatre-vingt-dix garçons et quatre-vingts filles. Les plus jeunes n'ont que quatre ans; et les plus âgés ont environ vingt ans. Nos Africains ont généralement une heureuse mémoire et sont doués d'aptitudes spéciales pour les arts mécaniques et pour les mathématiques.

Les garçons les plus forts sont appliqués aux travaux des ateliers. Nos ateliers comprennent déjà une forge, deux tours, une menuiserie, et une

---

[1] Il est aujourd'hui beaucoup plus considérable.

scierie mécanique circulaire, qui fait la grande admiration des Arabes.

Nous avons aussi une fonderie qui, sous la direction du frère Félicien, fonctionne parfaitement. Quant à la scierie circulaire, elle nous est d'une grande utilité.

Imaginez qu'ici une simple planche coûte plus qu'un arbre. Le bois se vend presque pour rien ; mais il n'y a ni ouvriers ni outils pour le travailler.

Les Européens qui viennent nous visiter sont émerveillés des travaux exécutés par ces pauvres petits noirs, jusque-là jugés incapables de toute industrie. Les croiseurs anglais font faire chez nous certains ouvrages, que leurs mécaniciens eux-mêmes apprécient d'une manière très-favorable, soit pour l'exécution, soit pour le prix.

Il en résulte que nos ateliers sont un soutien pour la mission. Sous le rapport matériel, ils nous procurent des ressources bien nécessaires ; sous le rapport moral, ils nous acquièrent une grande influence.

C'est la vue de nos ateliers qui frappe toujours le plus le Sultan. Lorsque son bateau à vapeur a besoin de réparations, c'est à nous qu'il s'adresse, et il paye bien. En ce moment Son Altesse fait installer une batterie de canons. A cette occasion elle nous envoie pour dix-huit cents francs de travaux, recommandant à ses hommes d'affaires de tout

faire faire désormais à la mission. « Car là, dit-
elle, je suis sur que ce sera bien fait. »

Comme condition de succès, plusieurs de nos
travaux de précision exigent la connaissance du
dessin linéaire et des calculs quelquefois assez
avancés. Sous ce double rapport, nos enfants réus-
sissent très-bien ; mais où ils excellent, c'est dans
l'étude de la musique instrumentale. Habitués dès
le bas âge au rhythme, qu'ils entendent continuelle-
ment, la mesure de la musique leur est comme
innée. Aussi se passionnent-ils facilement pour cet
art d'agrément.

Mais nous avons soin, comme vous comprenez,
de tourner leur ardeur musicale vers la gloire de
Dieu. Leur répertoire orphéonique se compose, outre les airs nationaux, d'airs religieux propres à
rehausser la pompe de nos cérémonies, si modeste
en pays de mission.

Monseigneur Maupoint, évêque de Saint-Denis
(Réunion), a eu la généro té de nous donner mille
francs pour une musique militaire. Dès ce moment
nos enfants ont fait des merveilles. Sous la direction du père Baur, ils ont appris et ils jouent à la
perfection une vingtaine de morceaux, quelques-
uns assez difficiles : c'est un vrai phénomène dans
le pays.

Aussi, chaque fois qu'ils sortent en ville, ils sont
accompagnés d'une foule bruyante et ébahie. Au
retour du Sultan de Dary-Salama, où l'avait con-

duit l'état de sa santé, nous sommes allés au-de-
vant de lui et l'avons accompagné, musique en
tête, jusqu'à son palais.

Non-seulement Son Altesse a été on ne peut plus
sensible à cette attention, mais elle a encore sin-
cèrement admiré l'habileté de nos enfants, qui
jouent en lisant les notes de leurs parties, et non
par routine, comme ses musiciens.

Dans l'étude proprement dite, la lecture, l'écriture et le catéchisme, nos petits Africains font à peu
près les mêmes progrès que les enfants d'Europe.
Nous en avons même qui sont d'une intelligence
remarquable.

Je citerai entre tous le jeune Patrice, de la tribu
des Miao. Cet enfant a été acheté au marché, il y
trois mois, par une dame irlandaise. Dans ce court
espace de temps, il a autant profité à l'école que
d'autres pendant cinq ans.

Patrice et sept de ses jeunes camarades appren-
nent le latin. Les progrès qu'ils font dans l'étude
de cette langue nous surprennent. Animés d'ailleurs de bonnes dispositions, ils nous font espérer
que plusieurs, peut-être tous, auront le bonheur
de devenir les prémices du clergé indigène, qui
devra régénérer l'intérieur de la pauvre Afrique.

Les dispositions morales de nos enfants nous
donnent de bien douces consolations. On avait d'a-
bord cru que jamais nous ne parviendrions à apprendre à nos petits noirs à servir la messe, ou à

chanter. Or, ils remplissent déjà parfaitement ces saintes fonctions.

Ils sont d'ailleurs simples, doux, pieux, obéissants et laborieux. Aussi est-il très-rare que nous soyons obligés de leur donner quelques punitions. Nous en sommes très-satisfaits et ils nous sont très-attachés.

Parmi eux règne un bon esprit de famille et de simplicité, qui fait leur bonheur et le nôtre. Tous regardent la mission comme leur patrie. « Ici, disent-ils, il fait bon ; c'est joli ici ; moi, veux rester ici ; il fait très-bon, tout à fait bon ici. *Hapa guéma, mzouri hapa, mimi nataka hapa, guéma sana, hapa guéma capissa.* »

Ils sentent si bien leur bonheur, que leur plus grand désir est de le faire partager à leurs malheureux compatriotes. Le père Baur n'ayant plus de ressources pour de nouveaux achats, les enfants vinrent un jour le trouver avec tristesse : « Père, pourquoi donc n'achètes-tu plus d'enfants ? — Mais, mes enfants, je n'ai plus d'argent ; j'ai à peine de quoi vous nourrir vous-mêmes au jour le jour. »

Aussitôt, ils réunissent leur petit pécule, composé de dons reçus des Européens qui viennent nous visiter. A force de s'ingénier, ils parviennent à réunir une somme de soixante-dix francs, qu'ils apportent triomphants pour acheter de nouveaux petits camarades.

Ce désir de coopérer, comme les jeunes Euro-

péens leurs bienfaiteurs, au rachat des enfants,
grandit en eux avec l'âge. Dans une circonstance récente, ils avaient généreusement mis de côté leurs
modiques épargnes. Pour en grossir le montant,
ils imaginèrent d'eux-mêmes d'avoir recours à
saint Joseph. « Il faut, disaient-ils, que saint Joseph nous donne de l'argent, n'importe d'où il
vienne, pourvu qu'il ne soit pas volé : il nous en
faut. »

Dans cette intention, ils ont prié pendant tout le
mois de mars, et ils ont voulu aussi se mettre à
l'œuvre, afin de se procurer ce qu'ils désiraient.
Sur leur demande, une portion du jardin leur a été
cédée, et durant leurs promenades ils ont travaillé
à y cultiver des légumes, dont le prix devait rentrer dans leur caisse.

Saint Joseph n'a pas voulu être en retard. Le
secours sollicité auprès de lui ne, leur a point fait
défaut. Le 24 mars, jour du vendredi saint, le
Sultan nous écrivit les lignes suivantes : « Aux
Pères, pour racheter des enfants, trois cents rou-
pies. »

Il est à remarquer que jamais le Sultan, toujours
si bien disposé en faveur de la mission, n'avait
manifesté la pensée de contribuer au rachat de
jeunes esclaves. C'est de lui cependant, d'un prince
mahométan, qui n'ignore pas que les enfants, dé-
livrés de l'esclavage, seront rendus chrétiens par
le baptême, que le glorieux saint Joseph ob-

tint à ses jeunes protégés ce secours inattendu.

Nos petites filles ne montrent pas moins de zèle. Elles se sont cotisées pour donner leur offrande ; et la mère supérieure a pu offrir de leur part la somme ronde de cinq piastres.

Par leur docilité, par leur modestie, par leur piété et leur application au travail, ces chères enfants sont la joie des sœurs qui les élèvent et l'espérance de la mission, dans un pays où les bonnes mères de famille sont si nécessaires. Elles sont d'une délicatesse de conscience, qui rappelle les petites Européennes, le plus chrétiennement élevées.

Le jour de la fête du Saint-Sacrement, nous avons eu le bonheur de voir, pour la première fois, plusieurs de nos enfants s'approcher de la sainte table. Préparés par quelques jours de retraite, ils étaient pleins de ferveur et tout pénétrés de la grande action qu'ils allaient faire. Avant la communion, le père Baur leur adressa quelques paroles, inspirées par la circonstance ; puis, commença à distribuer la sainte eucharistie.

En ce moment, une des premières communiantes s'écrie tout à coup, à haute voix, devant tout le monde : « Oh ! mon père, je tremble : je n'ose pas, je ne puis pas : j'ai encore oblié un péché ! »

Elle ne voulut pas recevoir Notre-Seigneur, avant de s'être confessée de nouveau. Après la sainte

messe, le père Baur dut donc aller au confession-
nal ; et ce ne fut qu'après avoir reçu une nouvelle
assurance de pardon , au tribunal de la pénitence, qu'elle consentit à s'approcher de la table
sainte.

Bien d'autres enfants, moins disposés, n'auraient
pas osé sans doute reculer dans ce moment solennel. Inutile de dire combien tout le monde fut édi-
fié de cette crainte respectueuse.

La cérémonie du soir ne fut pas moins touchante.
Nous espérons que la rénovation des vœux du
baptême, la consécration à Marie, le saint habit
du scapulaire et une petite croix, donnés en souvenir, rappelleront longtemps à nos enfants un des
beaux jours de leur vie chrétienne.

En témoignage de leur reconnaissance pour la
grâce qu'ils avaient reçue et en souvenir de ce
grand jour, ils voulurent tous, filles et garçons,
mettre en commun leurs très-modestes épargnes,
pour acheter un petit noir. *Dieudonné* fut le nom
choisi pour leur petit frère adoptif, au grand contentement de tous nos petits acquéreurs.

En Europe il arrive trop souvent que les bonnes
dispositions des enfants, au jour de leur première
communion, s'évanouissent rapidement. Ici, nous
avons la consolation de voir qu'elles persévèrent.
Ainsi, nous avons pu déjà commencer à former un
petit noyau de familles chrétiennes.

Le premier septembre ont été bénits cinq mariages [1]. Cinq de nos plus grands garçons se sont unis à cinq des plus grandes filles. Ils habitent, près de nous, dans l'emplacement que nous avons loué pour eux.

Depuis le jour de leur mariage, ces enfants sont réellement des modèles de familles chrétiennes. Tous se sont fait dans leurs cases de petits oratoires; et il est vraiment touchant de les voir et de les entendre faire leurs prières en commun, et réciter tous les jours leur chapelet devant l'image de la sainte Vierge.

Ils sont très-assidus à fréquenter les sacrements de pénitence et d'eucharistie, et cela sans qu'on leur en parle. Nous serons au comble de nos vœux, s'ils persévèrent toujours dans ces heureuses dispositions! Puisse le saint cœur de Marie les y maintenir!

Après avoir, ce me semble, répondu suffisamment à l'accusation d'incapacité, portée contre la race nègre, par des hommes qui ne la connaissent pas, je reprends le récit de mon voyage.

[1] Venu à Paris, au mois de septembre 1871, le père Baur nous a dit que, soit à Bagamoyo, la mission comptait une trentaine de mariages, tous chrétiens, comme aux premiers siècles.

CHAPITRE XIII

Après avoir fait connaissance avec les Vazaramo, nous pénétrâmes plus avant dans l'intérieur des terres. Deux choses frappèrent d'abord nos regards : la position des villages et la vaste étendue des plaines. Comme nos anciens châteaux du moyen âge, les villages de ce nouveau pays, sont perchés sur des éperons de collines, où il est plus facile de résister à une attaque et de se cacher.

Cela tient à ce que ces tribus sont souvent inquiétées par les razzias d'esclaves. Quant aux plaines, elles sont cultivées avec une perfection vraiment étonnante. Les voyageurs d'Orient qui les ont vues, prétendent que l'Inde n'offre rien de comparable.

Ces peuples sont moitié pasteurs, moitié cultivateurs. Toujours dans la campagne, ils ne portent

généralement, hommes et femᵣ ᵣes, pour tout vêtement, qu'une espèce de jupon, qu'ils fabriquent
avec une herbe semblable au jonc.

D'un naturel bon et timide, ils embrasseraient
facilement le christianisme et deviendraient maté-
riellement heureux, s'ils pouvaient cultiver avec
sécurité, leur magnifique territoire. On trouve dans
la contrée, d'ailleurs peu connue, une quantité
prodigieuse d'éléphants, de rhinocéros, de girafes,
de buffles, de zèbres, d'antilopes très-variés, et
surtout des lions et des hyènes.

Il y a des éléphants dont une seule dent pèse
jusqu'a deux cent quatre-vingts livres. On en voit à
Zanzibar, qui possède le plus bel ivoire du monde.
Dans les forêts s'agitent des nuées de singes gris à
face noire, et d'autres animaux de différentes
espèces, qu'on apprivoise pour les envoyer à Zanzibar. Certains Zanzibariens, venus d'Europe, en
mangent la chair qu'ils trouvent exquise. Quant aux
habitants de ces régions, ils se gardent bien, et non
sans raison, de manger des singes à cause de leur
ressemblance avec l'homme.

Comme toutes les peuplades de l'intérieur, celle
que nous trouvâmes au delà des frontières du
Vazaramo, est le jouet des mganga. Ces odieux
personnages que nous avons déjà rencontrés, sont
en rapport direct avec le démon, maître absolu de
ces contrées, et se donnent pour mission de prédire
l'avenir.

Des gourdes remplies de fer et de cailloux, sont leur instrument divinatoire. Ces gourdes sont censées contenir des charmes puissants, mais invisibles aux yeux profanes.

Le mganga est en outre armé de deux cornes de chèvres, réunies au moyen d'une peau de serpent, ornée d'un faisceau de clochettes en fer, d'une forme particulière. Quand il veut prédire l'avenir, il fait tourner ces cornes, exécute quelques évolutions violentes, en murmurant certaines paroles inintelligibles, sonne fortement la clochette, pour appeler les esprits des morts.

Ainsi animé du souffle prophétique, il annonce solennellement, en style oriental, les choses futures, aux assistants frappés de crainte et de respect. .

Dans la forme, ce genre de divination est l'imitation grossière ou grotesque, si on veut, de celle qui était en usage chez les peuples policés de l'antiquité païenne : mais le fond est le même. On y trouve la chèvre, cet animal fatidique dont parle Tertullien. Les agitations violentes de la Pythonisse, les paroles magiques qui ne sont autre que le *carmen* ou charme des anciens ; enfin, le serpent, l'oracle inévitable et universel des idolâtres d'autrefois et d'aujourd'hui.

Je ne suis pas étonné de voir l'affidé du démon employer la peau d'un serpent. Celui qui prit la forme de l'odieux reptile pour séduire Ève, se sert volontiers de la peau du perfide animal, pour trom-

per les descendants de la femme et se faire rendre des honneurs divins[1].

Grossièrement esclaves de Satan, les peuplades
que nous visitons, subissent aussi la loi démoniaque
de la déformation. Les pauvres gens sont tellement
passionnés pour la parure, et quelle parure ! qu'ils
vont jusqu'à porter des morceaux de gourde au bas
des oreilles et n'oublient jamais de se munir de la
lance, du bouclier et de la sagaie qui leur servent
autant comme ornement que comme moyen de
défense.

C'est dans ces pays qu'on trouve le plus beau
copal connu. Bien supérieur à celui du Mexique
et de la Nouvelle-Zélande, il donne le magnifique
vernis, dont l'industrie civilisée tire un parti si
avantageux.

Même chez les Vazaramo, le copal est abondant.
Si, en creusant les fondements de notre future
maison, ou en cultivant le terrain, nous avions le
bonheur de tomber sur une de ces mines, ce serait
une bénédiction du ciel. Elle nous permettrait
d'employer cette source de richesse matérielle à
procurer aux pauvres noirs, les richesses spirituelles
dont ils sont si dépourvus.

Les Vazaramo appellent l'arbre à copal *mnan-
gou*, tandis que les Souahili l'appellent *msanda-*

---

[1] Voir le Traité du Saint-Esprit, t. I, par Mgr Gaume, où l'on
trouve tout ce qui regarde le culte du serpent dans l'antiquité
et dans les temps modernes.

7.

rousi, nom sous lequel il est communément connu. On rencontre cet arbre depuis Monbas jusqu'à Quiloa. Il en existe aussi à Bagamoyo, où nous avons le projet de nous établir. Ayant six pieds de circonférence sur cinquante de long, cet arbre sert à la construction de belles pirogues.

La source du copal, autrefois l'objet de diverses suppositions, est aujourd'hui bien connue. A la base de l'arbre à copal, il se forme des crevasses d'où exsude du liquide gommeux.

En coulant dans la terre à l'état de substance molle, cette résine rencontre souvent des abeilles, des cousins, des mouches et divers insectes. Ces animalcules ne pouvant se dépêtrer y restent suffoqués et s'y conservent dans une sorte de pétrification, qui cependant ne leur enlève pas leur couleur naturelle.

Avec le temps, la gomme se durcit et devient propre au travail. Les morceaux que je viens d'envoyer en France, sont la preuve irrécusable de mon assertion. Comme on le voit, il y a quelques insectes d'une beauté rare, incrustés dans le copal, et dont un habile ouvrier peut tirer grand parti pour orner des bijoux.

Zanzibar exporte, chaque année, pour deux millions de copal. En général, les noirs ne se donnent pas la peine de fouiller profondément pour le trouver. Le plus qu'ils font, c'est de creuser à deux pieds, et tant que leur coffre contiendra une poi-

gnée de riz, ils se garderont bien de donner un
coup de pioche à la terre.

Vous voyez que la précieuse résine se rencontre
non-seulement sous les arbres à copal, actuellement existants, mais encore dans le sol où il s'en
trouvait autrefois. Il en résulte que ce copal est
évidemment le produit de vastes forêts, éteintes ou
détruites par l'action violente des éléments. Peut-
être aussi une exsudation exceptionnelle aurait fait
périr ces arbres, dont la substance résineuse a été
rendue solide par le manque d'air et par la sécheresse du sol.

Les tribus chez lesquelles se trouvent en abondance la gomme copal, sont généralement hos-
pitalières et admettent volontiers les étrangers dans
leur pays. Leurs voisins, les féroces Vazaramo les
visitent de temps en temps dans un but religieux.

En effet, il y a dans leur contrée une espèce de
pèlerinage, où demeure un pépo (esprit). C'est une
rivière souterraine qui a un bassin ouvert dans
lequel les femmes Vazaramo se plongent, afin
d'obtenir un plus grand nombre d'enfants, et où
les hommes sacrifient des moutons, des volailles et
des grains, pour s'assurer de belles moissons et la
victoire dans la guerre.

Après avoir recueilli les renseignements que je
désirais, nous quittâmes ces tribus, non sans emporter un vif désir de les évangéliser : c'était vers
la fin de septembre. Le temps étant favorable, je

me décidai à faire une excursion jusqu'à Kaolé.

Le pays m'était connu, j'y avais même laissé quelques amis qui me firent l'accueil le plus gracieux. On accourut de tous côtés pour me serrer affectueusement la main, et on s'empressa de m'offrir des soldats pour m'accompagner.

Cette offre bienveillante me mit dans un assez grand embarras. J'étais fixé sur la bravoure des soldats du pays et je dus remercier les chefs, qui voulaient bien en mettre à ma disposition. Mais comme l'oreille orientale est chatouilleuse et très-sensible à l'humiliation, il ne m'était pas possible, malgré l'envie que j'en avais, de dire crûment que je n'en voulais pas, puisque ce sont des lâches.

J'employai donc cette périphrase : « *Anenda sitaki, hapa vatou gêma, zote hana askari janko* : Merci, je n'en ai pas besoin, les gens ici sont si bons, qu'ils sont tous comme des soldats pour moi. » Le compliment leur fit plaisir et me débarrassa de cette vilaine engeance.

Nous ne séjournâmes que peu de temps à Kaolé, dont les dispositions nous donnent de bonnes espérances pour nos travaux apostoliques. De Kaolé nous nous dirigeâmes vers Mbégani, le frère Marcellin, moi, Mousa et un nègre qui nous montrait le chemin.

Mbégani est une localité d'une certaine importance. La première chose que nous aperçûmes, tout près de nous, dans le port, fut un énorme hippopo-

lame qui se jouait dans les eaux. Comprenant sans
doute que nous n'avions pas d'intentions hostiles,
le puissant colosse nous laissa passer, sans interrompre ses bruyantes évolutions.

Peu de temps après, nous atteignîmes Kisiki,
autre village considérable. Ici, nous attendait un
nouveau spectacle. A peine on nous eut aperçus,
que tout le monde s'enfuit à toutes jambes. Kisiki
n'avait jamais vu de blancs. De tous côtés on criait :
« *Madchomané :* un homme qui a quatre yeux ; un
homme qui a quatre yeux. »

Prises pour mes yeux, mes lunettes étaient pour
tous un terrible épouvantail. Dans l'espoir de les
rassurer, je les retire : ce fut pis encore. « Voyez,
voyez ; c'est un sorcier, puisqu'il a le pouvoir de
s'arracher deux yeux et de les remettre à son gré. »

Bien que trempés jusqu'aux os par une pluie
torrentielle, j'avoue que ces scènes me faisaient
rire de bon cœur. Comme cette pluie nous tenait
rigueur, je me rappelai ce que dit saint Paul de la
puissance du démon sur les éléments [1]. On ne
m'ôtera pas de l'esprit que Satan cherchait à nous
susciter toutes sortes d'obstacles, pour nous empêcher de porter la lumière aux pauvres noirs, qu'il
tient depuis si longtemps asservis sous son despo-
tique empire.

Chose étonnante, en effet ! Les mois de septembre

---

[1] *Eph.*, VI, 12.

et d'octobre sont les seuls mois de l'année, pendant lesquels il ne pleut presque jamais sous cette latitude. Aussi, on les choisit de préférence pour voyager. Eh bien ! par une mystérieuse anomalie ils ont été pluvieux, presque pendant toute notre excursion.

Tout le monde s'étant caché, nous nous réfugiâmes sous l'auvent d'une case. Il se trouva qu'elle était habitée par de respectables vieillards de la tribu des Vakamba. Plus rassurés que les habitants du pays, ils nous accueillirent avec cordialité et nous donnèrent des renseignements précieux sur leurs compatriotes et sur la peuplade de Kisiki.

Afin d'éviter la confusion dans mon récit et même d'apparentes contradictions, je dois donner quelques notions préliminaires sur ces peuples nouveaux.

Le pays des Vazaramo est très-grand et renferme on ne sait combien de tribus différentes, qui n'ont ni les mêmes usages ni les mêmes mœurs. Leur territoire est borné, à l'est, par la région maritime ; à l'ouest, par les Vakoutou, au nord, par le beau fleuve Kingani, sur lequel j'ai navigué ; et au sud par les tribus riveraines du fleuve Roufidji.

Dans ce qui précède, j'ai parlé des Vazaramo qui avoisinent Bagamoyo, futur chef-lieu de notre mission sur le continent. Ici, je vais parler de deux principales tribus, appelées Vakamba et Vaphangara. Ces tribus habitent déjà à une certaine distance dans l'intérieur de la Grande-Terre, et c'est chez elles que passeront, pour aller dans le Nyamouézi, les missionnaires qui viendront après nous.

Ces deux tribus, que j'appellerai également du nom générique de Vazaramo, se composent d'hommes généralement grands, bien faits et vigoureux. Cependant sous le rapport physique ils ne valent pas les Nyamouézi, non plus que d'autres tribus de l'intérieur.

L'introduction des esclaves et le mélange des races ont fait varier beaucoup la nuance de leur peau. Ces Vazaramo, qui ont toujours cordialement détesté les Arabes, ne sont pas Musulmans et ne se font pas circoncire.

Au lieu du tatouage usité chez un grand nombre de races nègres, les Vazaramo ornent, ou plutôt déforment leur figure de trois lignes de cicatrices, qui partent du bas de l'oreille et vont jusqu'à la bouche. C'est avec un fer rougi au feu, qu'ils se procurent ces grains de beauté.

Mais la chose la plus curieuse est leur coiffure, par laquelle on reconnaît leur nationalité. Elle se fabrique avec un enduit formé de terre jaune, pétrie dans le miel et l'huile de sésame. On étend cette singulière pommade sur la tête jusqu'au bout des cheveux, afin de former comme une couronne de tortillons. Cette matière gluante finit en se séchant par devenir raide, et forme une coiffure argileuse, qu'on ne peut plus enlever qu'à force de

temps et d'efforts. Jointe aux lignes rouges qui
courent sur le bas de leur figure, je vous laisse à
penser quel aspect une pareille coiffure donne à
ces pauvres nègres.

Les femmes portent la même coiffure, sauf qu'une
large raie, au milieu de la tête, divise les cheveux
en deux grosses touffes, qui représentent une
lourde toiture au-dessus des oreilles.

Le type du Vazaramo n'a rien d'agréable. Ses
traits sont durs et grossiers. Sa physionomie a quelque chose de sauvage. Ses yeux légèrement obliques,
son menton proéminent et dépourvu de barbe, ses
grosses lèvres, son regard fixe, montrent clairement
que ce nègre n'a rien de commun avec l'Arabe,
dont la gravité et les bonnes manières sont un des
caractères distinctifs.

Les Vazaramo sont presque tous habillés, du
moins pour le strict nécessaire. Ils mettent un
certain luxe à porter des colliers de grains de verre
ou de porcelaine multicolore, ainsi que des bracelets de laiton et d'airain. Les plus riches portent
des colliers de perles de différentes couleurs, entourés de maints ornements plus bizarres les uns
que les autres.

Il me reste à parler de leurs habitudes de vie
et de leur religion.

CHAPITRE XIV

Les Vazaramo, chez qui nous sommes en ce moment, sont fiers de leurs armes, sans lesquelles ils ne sortent jamais en public. Plusieurs même possèdent des fusils à piston. Ils les doivent à l'imprudence mercantile des Européens qui verront ces armes se retourner contre eux, lorsqu'ils voudront porter les bienfaits de la civilisation à ces pauvres Africains.

Toutefois, ceci n'est encore qu'une exception. Les armes ordinaires de ces peuples sont l'arc, les flèches empoisonnées, et de grands couteaux qu'ils forgent avec le fer apporté par les caravanes.

Les chefs, qui se succèdent par droit d'hérédité, portent sur la tête le turban blanc de la forme africaine, et l'écharpe de cotonnade rouge autour des hanches. Les femmes, mieux mises que toutes

les négresses de l'Afrique, montrent une certaine
affectation dans leur démarche, bien qu'elles
portent ordinairement un enfant, retenu sur leur
dos par un morceau d'étoffe.

Mieux construites que celles de leurs voisins,
les cases des Vazaramo annoncent un commencement de civilisation. Ces peuples, naturellement
impétueux, querelleurs et opiniâtres, sont devenus
beaucoup plus traitables, depuis que Saïd-Saïd,
père du Sultan actuel, s'est emparé de Kaolé et
d'autres ports de la côte, pour ouvrir le chemin
aux caravanes qui commercent avec l'intérieur.
Ils ont fini par comprendre qu'ils tireront
d'énormes bénéfices de leurs relations commer-
ciales avec les étrangers.

Comme nous viendrons chez eux, uniquement
pour faire du bien à leurs âmes et à leurs corps,
nous pouvons compter, de leur part, sur le même
accueil cordial, que nous recevons actuellement
des populations qui nous connaissent.

Au contact d'une demi-civilisation, les Vazaramo
sont redevables de certaines coutumes, où respire
l'honneur national. C'est ainsi que le vol est puni
d'une manière cruelle. On coupe la tête au voleur,
et on la place au bout d'une perche à l'entrée du
village, pour servir d'exemple.

En cas d'adultère ou de magie noire, le chef a
le droit de vendre ses sujets ou de les livrer aux
flammes du bûcher. Les enfants des coupables sont

aussi jetés dans les flammes, pour les empêcher de
suivre l'exemple de leurs parents. L'histoire ancienne, sacrée et profane, offre de nombreux exemples de cette application rigoureuse de la loi de
solidarité.

Il y a chez les Vazaramo d'autres coutumes, qui
ne peuvent avoir pour origine que la faiblesse des
liens de famille, causée par la polygamie. Au
premier rang est la fraternité conventionnelle, qui
semble parler en faveur de leur caractère sociable.

Dans le but de réunir des hommes divisés par
les intérêts, les querelles et la haine, et d'éteindre
les discordes si communes dans les sociétés barbares, on se choisit librement des personnes qui
deviennent parentes, au moyen d'un serment, fait
avec le cérémonial suivant.

Les deux individus qui veulent devenir frères,
se placent sur les dépouilles d'un animal, en se
mettant les jambes les unes sur les autres. Sur
leurs cuisses, on pose leurs arcs et leurs flèches,
pendant que le Foundi (sacrificateur), brandit
un grand sabre au-dessus de leurs têtes. En même
temps, il maudit celui qui manquerait aux lois de la
fraternité, et le menace avec des cris féroces de la
colère du pépo (esprit).

On sacrifie alors une chèvre dont on prend le
cœur. On le fait rôtir solennellement et on le présente aux héros de la fraternité. Ceux-ci se font
alors, l'un à l'autre, une incision sur la poitrine,

prennent de leur sang, en arrosent le cœur de la chèvre et mangent cette viande rougie de leur sang, en présence de nombreux témoins.

En fait de religion, les Vazaramo ne connaissent que quelques pratiques fétichistes, consacrées par l'usage : la routine leur tient lieu de code tant au spirituel qu'au temporel. Ainsi chez eux on ne trouve pas, comme chez d'autres races, de cérémonies particulières, à l'occasion des différents événements de la vie, sauf le festin donné à la mort des enfants.

Chose singulière! lorsqu'une femme meurt en couches, ses parents exigent une indemnité du mari. La mère à laquelle la mort enlève un enfant, est obligée de faire pénitence, en dehors du village, pendant plusieurs jours. Barbouillée de terre jaune et noire, elle se voit en butte à tous les propos injurieux dont l'accablent les passants. Cet usage, qu'on hésite à blâmer, ne serait-il pas un préservatif contre l'incurie ou le mauvais vouloir des mères?

Quoi qu'il en soit, le démon, qui prend plaisir à dégrader l'humanité, persuade à ces pauvres ignorants que l'existence de leurs enfants tient à certaines pratiques absurdes : en voici quelques-unes.

Pour assurer la vie de leurs enfants, les pères font serment que leurs nouveau-nés ne se raseront pas avant l'âge de dix-huit ans. Les mères les couvrent d'amulettes, leur suspendent au cou des morceaux de peau de serpent[1], et leur entourent la tête d'espèces de chapelets en verroterie. De plus, elles mettent, pendant la nuit, sous la tête de l'enfant deux petits bâtons, pour le protéger contre les sortiléges et les maléfices.

Un usage déplorable veut qu'on mette à mort l'enfant qui naît avec des dents. La raison en est dans la crainte qu'il ne porte malheur à sa famille. A Zanzibar les Arabes eux-mêmes sont imbus de cette erreur fatale.

Aussi les enfants de ce genre sont aussitôt portés à la mosquée, où l'on fait sur eux la lecture de quelques versets du Coran. Ensuite, on leur incline la tête, comme pour les faire jurer qu'ils ne nuiront jamais à personne.

Chez les Vazaramo, la polygamie ressemble à celle de tous les peuples de l'Afrique, c'est-à-dire qu'elle est sans limites déterminées. Le divorce se prononce d'une manière grotesque. Si le mari est las de sa femme, il lui présente en signe de répudiation, un morceau de tige de maïs.

Dans le cas où la malheureuse créature n'a pas assez d'intelligence pour comprendre sa disgrâce, l'homme la chasse à coups de bâton et toutes les formalités légales sont accomplies. Pauvre fille d'Ève ! quand cesseras-tu d'être l'esclave de l'homme pour devenir sa compagne ? quand tu seras la fille de Marie : pas avant.

[1] Toujours le serpent.

Que dirai-je des formalités du mariage? Elles sont à peu près les mêmes qu'on exige, pour l'acquisition d'une vache ou d'une poule. Le jeune homme qui veut se marier, envoie un de ses amis au père de la future, pour traiter l'affaire.

Il est bien entendu que la pauvre fille ignore ce qui se passe, et on se garde bien de l'en instruire. L'entremetteur commence par offrir un cadeau, qui d'ordinaire est un turban. L'usage veut que ce turban soit rendu au mari, si l'épouse meurt sans postérité. Dans le cas contraire, il devient la propriété des enfants.

Souvent le marché dure assez longtemps, et ce sont des pièces d'étoffes qui en font les frais. Une fois le prix convenu avec le père, la mère vient faire mousser ses prétentions. Elle demande entre autres, une ceinture de perles, une douzaine de vaches et de chèvres pour elle, et un linge pour en faire une espèce de poche où la jeune femme mettra ses nourrissons.

La question financière ainsi réglée, la jeune fille, qu'elle le veuille ou non, est placée sur un brancard et portée dans la case de l'époux. Alors pour toutes cérémonies matrimoniales, on se met à danser au son du tambour et à boire le pombé (espèce de bière faite avec des bananes). Cette union passant pour légale, les enfants qui en naissent appartiennent au père, qui peut les vendre s'il le juge à propos.

Lorsqu'un Vazaramo est à l'article de la mort, ses amis se réunissent pour gémir, sangloter ou chanter. Comme on a dans ce pays une crainte effroyable des esprits, on enterre le défunt, à peine expiré. Chez certaines tribus, on bâtit aux morts de petites huttes dans les forêts.

A côté, on met un arc, des flèches, et un carquois, si le défunt est un homme. Si c'est une femme, on place à côté d'elle quelques ustensiles de ménage, tels qu'une marmite, une cruche, un coco pour puiser de l'eau.

A quelque sexe qu'appartienne le défunt, on met à côté du cadavre, couvert seulement d'une légère couche de terre, des grains et de la bouillie de maïs. Si cette nourriture est consommée, la mort est regardée comme naturelle. La nourriture est-elle restée sur place ? Sa mort est attribuée à un sortilége.

Aussitôt le mganga est consulté, pour savoir quelle tribu est coupable du maléfice. Sur sa désignation, la guerre s'allume avec un acharnement effrayant, et des villages entiers disparaissent par suite de cette cruelle superstition. Toujours et partout le grand homicide du genre humain.

Je crois en avoir assez dit pour faire connaître les malheureux Vazaramo, confiés au zèle apostolique de notre congrégation. Puissent nos chers confrères, à la lecture de ces lignes écrites à la hâte, s'enflammer de plus en plus de l'amour des âmes, et, à l'exemple de saint François-Xavier, se montrer prêts à faire le tour du monde pour en sauver une seule!

Je dois maintenant vous parler d'autres peuples, non moins inconnus et non moins dignes d'intérêt. A quelque chose malheur est bon, dit un proverbe. Notre excursion à Kisiki, faite par une pluie tropicale, me valut un redoublement de douleurs rhumatismales accompagnées de fièvres. Bon gré, mal gré, il me fallut suspendre mon voyage et prendre du repos à Bagamoyo, notre quartier général. Ce congé involontaire me permit d'étudier plusieurs populations de l'intérieur et surtout les Nyamouézi : voici à quelle occasion.

CHAPITRE XV

Les Nyamouézi. — Situation de leur pays. — Leur présence à
Bagamoyo. — Leur bon naturel. — Leur étonnement à la vue
des blancs. — Exemples de naïveté. — Récréation du père
Horner. — Gasconnades de Mousa.

Le pays des Nyamouézi est désigné, dans les
cartes géographiques, sous le nom de pays ou terre
de la Lune. C'est avec raison. Dans les langues de
l'Afrique orientale *nya* veut dire terre et *mouézi*
lune. Cette contrée, d'une vaste étendue, est située
non loin du grand lac Nyassa-Victoria, au troisième
degré de latitude sud, et à cent cinquante lieues
environ dans l'intérieur du continent.

Comme le mois de septembre est l'époque ordinaire de l'arrivée des caravanes, il y avait environ
six mille de ces Nyamouézi à Bagamoyo et à Kaolé.
Je pus les étudier à mon aise.

Venus de très-loin, ces noirs apportent sur leur
tête et sur leur dos de grandes quantités d'ivoire, de
copal, de grains, de peaux d'animaux et autres articles de commerce. Toutes ces marchandises sont
étalées sur le bord de la mer.

En attendant la vente de leurs objets, qui dure
quelquefois deux mois, ils restent sur le littoral

8

pour les échanger contre de la toile ou des produits de la côte. Rien n'est plus curieux que de les entendre débattre le prix d'une dent d'éléphant. Ils commenceront le matin à six heures, discuteront, jusqu'à six heures du soir, et ainsi de suite pendant quinze jours sans se fatiguer et sans rien conclure.

D'après ce qu'un long séjour a pu m'apprendre sur l'Afrique orientale, je crois que tous les efforts des missionnaires devront tendre à pénétrer le plus promptement possible, au cœur de ce vaste pays, si beau et si peu connu.

Comme les Nyamouézi sont, parmi les nègres, la meilleure des races, c'est à eux les premiers qu'il faut porter le flambeau de la foi. Mille fois heureux ceux qui verront ce que je ne pourrai voir, et faire ce que je ne pourrai faire, rendre enfant de Dieu et de l'Église cet excellent peuple !

Ma tâche est de le faire connaître. Certains détails étonneront beaucoup nos Européens. Toutefois il n'y a pas de quoi surprendre de la part d'un peuple, qu'on a de la peine à croire si enfant. Mais, si étonnant que soit le spectacle que j'ai sous les yeux, je vais le décrire avec une scrupuleuse fidélité.

Qu'on se représente une trentaine de Nyamouézi, arrivant pour la première fois à Bagamoyo, et entendant dire qu'il y a là des Mzoungou, c'est-à-dire des hommes qui ont la peau toute blanche, comme ils n'en ont jamais vu. Ces bons Africains ont pour tout vêtement une peau de chèvre autour des reins, ou une façon de teinture fabriquée avec des herbes.

Il va sans dire qu'à notre première vue, ils jouèrent des jambes et ce ne fut qu'au bout d'une demi-heure qu'ils osèrent nous approcher. Grand fut leur étonnement, lorsqu'ils purent nous contempler à loisir.

« Que c'est drôle, disaient-ils entre eux ; que c'est drôle ! voyez : ces hommes ont la figure blanche, les mains blanches, tout le reste du corps noir, et des sabots comme des chameaux ! »

Ces braves gens prenaient tout simplement nos gros souliers de voyage pour des sabots de chameau et la couleur noire de la soutane pour la couleur de la peau.

Comme ils ont les cheveux crépus, nos cheveux droits les étonnaient aussi beaucoup. Je ne pus m'empêcher de rire de ces naïvetés. Sentant le besoin de m'égayer un peu, sinon pour chasser la fièvre, du moins pour m'en distraire un moment, je ne me fis pas scrupule d'exciter davantage leur curiosité.

Je tire donc mes souliers. Comme ils croyaient que la chaussure faisait partie des pieds, les uns se mirent à courir emportés par la frayeur, croyant que j'étais un sorcier. Les autres, plus courageux, s'écrièrent : *Hi! hi!* en ouvrant de grands yeux

et en faisant une mine impossible à décrire. C'était
là le premier degré de leur étonnement.

Je vais plus loin, et je leur montre que les bas
se tirent. Les prenant pour ma peau, ils s'écrient :
Hou ! hou ! C'était le second degré de leur stupéfaction. Les uns reculent de frayeur, me prenant
pour un mganga, tandis que les autres, plus avisés,
disent gravement que les blancs ont deux peaux
aux pieds, l'une noire et l'autre blanche. Voyant
que mes bas les intriguaient de plus en plus, je
finis par en tirer un complétement.

C'est alors qu'il fallait les voir détaler. En un
clin d'œil, ils furent tous loin de moi, sauf un seul
dont la téméraire hardiesse les étonnait presque
autant que la vue de mon bas. La présence de ce
brave rassura ses compagnons qui vinrent peu à
peu regarder mon pied, et s'assurèrent, à leur
grand étonnement, qu'il était de la même couleur
que le visage et les mains.

Aussi s'empressèrent-ils de me gratifier du troisième degré d'étonnement. Chez eux le superlatif
de la stupéfaction consiste à se réunir en chœur et
à siffler, comme on siffle lorsqu'on mène les animaux à l'abreuvoir. Assez longtemps, ils me ré-
jouirent de leur concert. Me dire alors : ne riez pas ;
c'eût été temps perdu ; car je puis assurer que
l'homme le plus sérieux eût pâmé de rire.

On ne croirait pas possible une pareille naïveté,
si on ne savait que ces gens simples qui n'ont jamais

rien vu, sont portés à attribuer à la magie, tout ce qui sort du cercle si borné de leurs connaissances. Il en est de même de tout ce qui porte un caractère quelconque de supériorité intellectuelle ou physique.

Je regrettai de n'avoir pas avec moi une machine électrique, qui, à coup sûr, les eût mis hors d'eux-mêmes. A défaut d'une chose plus curieuse, je leur montrai ma montre. Étonnés de voir tourner les aiguilles, ils l'étaient plus encore de la sonnerie. « Tenez, tenez, disaient-ils, cette affaire parle, et nous croyions que les hommes seuls parlaient. » Lorsque j'ouvris la montre, et qu'ils virent ces rouages si compliqués, la peur les saisit et ils crurent à un sortilége.

Ce fut bien pis, lorsque, prenant une allumette chimique, je la frottai sur la ceinture de mon voisin. S'imaginant que j'avais fait jaillir le feu de son linge, il prit la fuite en criant : « Ces blancs sont des mganga. »

Je leur montrai, enfin, des images dont ils eurent peur, croyant qu'il s'y trouvait caché quelque opération magique. Ils n'osèrent pas d'abord les toucher ; mais ils les dévoraient des yeux, en disant : « Voyez, il y a comme des yeux, comme un nez, comme une bouche sur cette chose : qu'est-ce que cela peut être ? » Cependant, quand ils virent que Mousa osait les toucher, ils s'enhardirent et les touchèrent également.

C'est là que finit mon rôle et que commença celui de Mousa.

Avec sa disposition à la gasconnade, il leur dit, toutefois sans ma participation, des choses étranges qu'ils acceptèrent au moins en partie, s'écriant tous ensemble : « Que nous sommes contents d'être venus ! Maintenant nous sommes bien convaincus, que les Nyamouézi sont des bêtes et que les Blancs seuls sont des hommes. « Il n'en fallait pas davantage pour mettre Mousa en verve.

Sans perdre un instant, il se mit à leur débiter des contes d'une absurdité révoltante. Ainsi, il leur dit que les Blancs tombaient du ciel, et comme preuve il leur faisait voir une blessure que m'a faite une épine, en traversant la forêt de Kaolé. « Regardez; on voit encore la blessure, que fit au Père une pierre lorsqu'il tomba du ciel. »

Voyant que le ton de conviction avec lequel Mousa parlait, faisait accroire ces sottises à ces pauvres gens, je lui dis : « Mais, Mousa, ne débite donc pas de pareilles absurdités. » Il me répondit : « Père, laissez-moi faire. Cela leur donne une haute idée des Blancs, et cela les intéresse. »

Peu scrupuleux sur la restriction mentale, encouragé d'ailleurs par les Nyamouézi, qui de stupéfaction sifflèrent en chœur, Mousa continua sur le même ton. Cependant, un de ces pauvres noirs, plus intelligent que les autres, lui fit une objection assez captieuse.

« Si tous les blancs tombent du ciel, demanda
le Nyamouézi, comment se fait-il que celui-ci, en
montrant le frère Marcellin, soit plus petit et plus
jeune que l'autre ? »

Mousa, toujours imperturbable, lui répond avec
sa facilité ordinaire : « Mais la raison en est bien
simple. Il n'a pas encore eu le temps de grandir et
de vieillir, puisqu'il n'y a que dix jours qu'il est
tombé du ciel. » — « *Kouéli, kouéli !* C'est vrai,
c'est vrai, à la bonne heure : voilà une bonne
raison, » dirent-ils. Et pour montrer qu'ils la goû-
taient parfaitement, ils se mirent de nouveau à
siffler en chœur.

Restait une dernière difficulté. « Pourquoi celui-
ci, en parlant de nouveau du frère Marcellin, ne
sait-il pas parler la langue de ce pays-ci ? »

« Mais vous êtes donc bien simples vous autres,
leur répondit Mousa, en leur lançant un regard
terrible afin de mieux les persuader, vous êtes
stupides : est-ce que je ne viens pas de vous dire
qu'il est tombé du ciel ? comment voulez-vous
qu'en si peu de temps il ait pu apprendre la langue
de la terre ? »

Un nouveau sifflement d'approbation et de stupéfaction termina cette singulière comédie, une des
plus réjouissantes qui se puisse imaginer. Si tous n'a-
joutèrent pas foi aux gasconnades de Mousa, la
masse semblait y croire, à mon grand étonnement.

Je dois ajouter que la naïveté de ces bons Nya-

mouézi me causait autre chose qu'un plaisir vul-
gaire. Je voyais en eux des âmes toutes neuves, en
qui la bonne semence ne manquerait pas de ger-
mer. Bientôt le jour viendra, il faut l'espérer, où
nos confrères reconnaîtront par expérience que
mes prévisions ne sont pas dénuées de fondement.

CHAPITRE XVI

Le lendemain, la fièvre m'ayant quitté, je songeai
à m'occuper de choses plus sérieuses. Mon premier
soin fut de me rendre auprès des Nyamouézi et de
les questionner sur leur pays, presque aussi vaste
que la France. Grâce au grand nombre de ces indigènes, venus de provinces différentes, je pus
recueillir des renseignements nombreux et qui ne
manquent pas d'intérêt.

Je commence par affirmer de nouveau que les
Nyamouézi sont les meilleures peuplades de l'Afrique. De là ce proverbe qui court à Zanzibar : *On
peut coucher en plein air chez les Nyamouézi, sans
avoir rien à craindre.* Vraiment, pour peu qu'on
ait vu ces braves gens, qui ne sont autre chose que
de grands enfants, on ne peut s'empêcher de les
aimer.

D'après le rapport des voyageurs, l'Ounyamouézi paraît avoir été autrefois un grand royaume. Aujourd'hui il est divisé en tribus, gouvernées par des chefs particuliers. Situé à douze cents mètres au-dessus du niveau de la mer, ce pays a l'avantage d'offrir aux missionnaires un climat agréable et favorable à la santé.

De plus, ses belles vallées, parsemées de sources, et d'une fertilité remarquable, leur aideront puisamment à moraliser les indigènes par le travail, et à se procurer à eux-mêmes les choses nécessaires à la vie.

L'instinct du commerce, l'habileté dans la fabrication du fer et de quelques tissus de coton, donnent aux Nyamouézi la supériorité sur les races congénères et font même supposer qu'elle serait due à une ancienne civilisation.

Beaucoup plus noirs et généralement plus grands que les Vazaramo, les Nyamouézi leur cèdent en courage et en bravoure. Leurs femmes sont vêtues comme celles de Zanzibar. Elles portent, à partir des bras, de larges étoffes qui leur enveloppent le corps. Des colliers de verroterie, de grands bracelets de cuivre et quelques cercles de poil de queues de girafe composent le reste de leur vêtement.

Les hommes, couverts d'une peau de chèvre autour des hanches, sont armés de la lance, de l'arc et des flèches nationales. Ils extirpent leurs incisives de la mâchoire inférieure, et font une incision dans la lèvre supérieure de manière à mettre les dents à nu.

Toujours le même esprit satanique de déformation qui persuade à l'homme qu'il n'est pas bien comme Dieu l'a fait et, sous prétexte de s'embellir, le porte à se défigurer cruellement.

Dans le voisinage de l'Ounyamouézi se trouve un phénomène naturel, auquel on ne s'attendrait pas : je veux parler de montagnes couvertes de neiges éternelles. Au pied de ces montagnes habitent des indigènes, qui ont pour tout vêtement quelques plumes ou coquillages dont ils font une coiffure ridicule.

Le costume des femmes se compose de quelques fibres végétales autour des hanches. Tous portent aux oreilles et aux lèvres des paquets de laiton et de coquillages.

Ces êtres qui végètent plutôt qu'ils ne vivent, se creusent des trous dans l'intérieur des arbres gigantesques de leurs forêts vierges, et demeurent dans la sauvagerie la plus complète.

Ainsi ils se nourrissent de charognes, de vermine, de larves et d'insectes et mangent l'homme cru, pour s'éviter la peine de le faire rôtir. Leurs cheveux sont exceptionnellement longs et descendent jusqu'aux reins, circonstance qui prouve évidemment un mélange de races.

Féroces à la guerre, ces peuples peuvent batailler pendant deux ans, sans éprouver une perte de

plus de quatre hommes, tant est primitif leur système militaire.

En Europe, on suppose volontiers, que l'anthropophagie ne se rencontre plus que dans quelques
îles des archipels océaniens : c'est une erreur. Elle
règne chez un bon nombre de tribus africaines. Non
loin des sauvages dont je viens de parler, demeurent les Vabambé, qui sont d'une anthropophagie
épouvantable.

Ils donnent facilement une chèvre pour un enfant moribond ou mort, afin de se régaler de sa
chair. Ce n'est qu'à défaut de chair humaine, qu'ils
se nourrissent de végétaux. Nous avons à Zanzibar,
dans notre maison, plusieurs enfants de cette race
qui m'ont dit avoir souvent mangé les cadavres
des défunts.

Cependant ils m'ont avoué que la chair de
l'homme tué exprès est meilleure. Voici de quelle
manière ils procèdent à ce festin de cannibales.
On coupe le petit doigt à l'homme qui doit être
mangé : il paraît que c'est là pour eux le morceau
le plus succulent. On le fait griller et on le goûte.

Si la chair n'est pas trouvée bonne, on laisse
encore quelque temps l'homme à l'engrais. Au
contraire, la chair est-elle trouvée succulente, on
coupe immédiatement le cou au malheureux, qu'on
dépèce par morceaux. Les cuisses et les bras passent pour les meilleurs.

La viande une fois rôtie, on la dévore en s'a-

breuvant de pombé, que l'on boit dans des bols en
paille artistement tressée. On supend ensuite les ossements de la victime à une haute potence, entourée
de tambours qu'on bat, pendant que les convives,
coiffés de queues de zèbre, soufflent dans des instruments en bois, en exécutant des danses grotesques [1]. C'est donc là une espèce de sacrifice, offert à
celui qui fut homicide dès le commencement.

J'ai vu chez les Vadoé, dont je parlerai plus tard,
l'anthropophagie tellement générale qu'ils font la
guerre, pour avoir le plaisir de manger les cadavres
des hommes, tués sur le champ de bataille.

Nous avons ici un enfant nommé Raphaël qui appartient à cette tribu. Il m'a dit avoir souvent mangé
de la chair humaine, et même que ses parents en
faisaient leur nourriture habituelle. Lorsque je lui
demandais s'il avait trouvé la chair humaine bonne
à manger, il se léchait les lèvres, comme au souvenir d'une friandise fortement aimée, et puis disait :
«*Volaï géma sana :* certainement, c'est très-bon. »

Il ajoutait: « Les meilleurs morceaux sont les petits doigts, les bras et les cuisses. » Cet enfant conserve, et il conservera probablement toujours, quelque chose de féroce dans la figure. Sa prédilection
pour la viande crue continue, et il fait ses délices
de manger crues les dépouilles des poules, sans
même les laver.

[1] Sur les danses dans les sacrifices, voir le *Traité du Saint-
Esprit*, t. I.

Les malheureux Vabembé ont le goût si dépravé et surtout l'odorat si peu délicat, qu'en guise de parfums, ils se frottent tout le corps avec du beurre rance. Grâce à la chaleur équatoriale, cette friction produit une infection inexprimable.

On a beau les baigner, comme nous l'avons vu pour quelques-uns de nos enfants, rien n'y fait : cette mauvaise odeur s'est identifiée avec leur chair et leur peau. Est-ce une condition de toilette ou un moyen de se préserver de la piqûre de certains insectes ? Je ne saurais le dire.

J'ajoute qu'il y a parmi ce peuple un usage encore plus incompréhensible. Imaginez que s'il emploie le beurre pour se frotter le corps, il le remplace dans les mets par la graisse de la chair humaine.

Je reviens à mes Nyamouézi, que par abréviation on nomme souvent Mouézi. Je les désignerai moi-même sous ce nom général et plus court, bien que j'aie à parler de leurs différentes tribus.

Dans le pays de ce peuple, tout est encore d'un bon marché incroyable. Ainsi, on achète un âne ou une vache pour une pioche. Pour un mètre de toile, on vous fournira trente litres de lait.

Robustes et serviables, les Mouézi portent volontiers des fardeaux pour le compte des caravanes. Mais cet amour du portage ne détruit pas en eux l'affection pour le sol natal. En route, viennent-ils à rencontrer quelques compatriotes qui leur par-

leront du pays ? aussitôt ils s'enfuient, sans toutefois emporter leur charge ; car en général ce peuple n'est pas voleur.

Depuis quelque temps les Mouézi se réunissent
aussi en caravanes, pour porter leurs propres marchandises. Partis pour des voyages de deux ou trois
cents lieues, on les voit arriver à Bagamoyo, au
nombre de plusieurs centaines d'hommes, conduits
par un chef nommé à l'élection.

Dans ces bandes si nombreuses il n'y a ni dé-
sertion ni murmures. On marche depuis six heures
du matin jusqu'à midi. A midi, on prend le repas et
deux heures de repos ; puis, on recommence la
marche jusqu'à six heures du soir.

Quoique les épaules soient meurtries ou même
déchirées par de lourds fardeaux, et les pieds nus,
ensanglantés par les épines, la plupart portent encore, comme supplément, quelques vieilles pioches
hors de service, pour les échanger contre du fer
et du grain.

Infatigable marcheur, le Mouézi porte tout avec
lui. Il n'a besoin ni de tente ni de couverture. Une
simple peau de bête lui tient lieu de lit et de vêtement : de linge il n'en est pas question. Ajoutez une
marmite, une petite calebasse de beurre fondu et
un petit tabouret, et vous connaîtrez tous ses articles de voyage.

Telle est sa sobriété qu'en route il ne fait souvent
qu'un seul repas, composé de farine bouillie. Ce

repas devient un festin, lorsqu'il peut y ajouter quelques morceaux de bêtes crevées, dont il est friand à l'excès. J'ai vu souvent, à Zanzibar, des Mouézi dépecer un animal mort depuis plusieurs jours. Loin de les éloigner, l'odeur nauséabonde de cette chair faisandée les attire, tant est grande chez eux la fureur pour la viande.

Les caravanes sont toujours accompagnées d'un sorcier. Il est lui-même porteur, mais du plus léger fardeau. En vertu des prérogatives attachées à ses fonctions, mangeant beaucoup et travaillant peu, il est ordinairement le plus gros de la bande. Néanmoins il est aussi mal vêtu que ses pareils, attendu qu'il se rendrait ridicule, s'il faisait de la toilette en voyage. Au reste, pour le Mouézi le costume général n'est rien ou peu de chose. La coiffure seule absorbe tous ses soins : voyez avec quel goût !

Les uns s'enveloppent la tête avec une crinière de zèbre en forme de diadème; d'autres s'attachent au front une queue de bœuf; d'autres enfin se fabriquent un bonnet de peau de singe, ornée de bandelettes de différentes couleurs et de plumes d'autruches. Quand vous avez sous les yeux des centaines de têtes ainsi coiffées, vous êtes témoin d'un spectacle qui défie toute description.

Il est complété par les ornements du reste du corps. Outre la bande de peau de chèvre, passée autour des reins, voici de la tête aux pieds des cercles d'ivoire massif, des bracelets de cuivre et de fil de métal de plusieurs livres, des colliers, de petites clochettes en fer attachées aux genoux et aux chevilles.

Comme si tout cela ne suffisait pas pour effrayer l'homme le plus intrépide, les membres de la caravane, outre les armes ordinaires des nègres, portent une grande lance, des javelines, une hache de bataille et un grand couteau fixé à la ceinture.

Enfin, pour donner aux voleurs, trop nombreux dans ces vastes déserts, une haute idée de la force de la caravane, ils imitent en route le beuglement des buffles et font le plus de tapage possible au moyen de tambours, de cors, de sifflements, d'hurlements, de chants et de cris féroces. C'est ainsi que nous les voyons arriver à Bagamoyo.

Je termine en rapportant un usage également singulier. On est fort étonné de trouver chez ces sauvages le même goût pour la boxe, que chez le peuple anglais. En cas de rencontre de deux caravanes amies, les deux guides s'avancent d'une manière majestueuse, en penchant la tête en arrière. A chaque pas ils s'arrêtent un instant, les yeux fixés l'un sur l'autre. Arrivés à distance, ils se heurtent le front, comme deux béliers qui s'attaquent.

Chaque caravane suit l'exemple des guides et il s'engage une boxe furieuse, qui se termine par des rires prolongés. La caravane qui possède les fronts les moins solides, subit la défaite, paye un léger tribut, et on poursuit la marche.

CHAPITRE XVII

J'ai montré le Mouézi en caravane, il me reste à
le faire connaître chez lui. Qu'on veuille bien se
rappeler seulement que je décris, non pas en particulier chaque tribu de l'Ounyamouézi, mais en
général les nombreuses peuplades de cette vaste
contrée.

D'après certains auteurs, les Portugais entendi-
rent parler pour la première fois de l'Ounyamouézi en 1589, lorsqu'ils s'occupèrent de découvrir
la côte orientale d'Afrique. A cette époque, ces indigènes faisaient déjà un commerce régulier avec
les villes du littoral, bâties par les Portugais, dont
le contact leur aura laissé quelques traces de civilisation.

Suivant une ancienne tradition populaire, l'Ounyamouézi formait autrefois un vaste empire, sous

l'autorité d'un seul chef. Après sa mort, ce grand
chef devint le plus bel arbre du pays, et donna
son ombre à son fils et à ses descendants. C'est pour
cela qu'aujourd'hui encore, les sauvages vont en
pèlerinage à certains arbres, qu'on ne pourrait pas
toucher, disent-ils, sans être frappé de mort su-
bite.

Quoique divisé en fractions comme je l'ai dit, et
gouverné par de petits chefs indépendants, l'Ounyamouézi a conservé la même langue ; ce qui sera
un avantage immense pour les missionnaires. Il y
a bien quelques différences de dialectes de l'Est à
l'Ouest, mais les indigènes se comprennent entre
eux.

A Zanzibar on connaît bien l'Ounyamouézi, que
beaucoup d'Arabes ont parcouru pour faire le
commerce de l'ivoire ; car dans cette contrée les
éléphants sont très-nombreux. Ainsi, un de nos
voisins, homme sérieux et distingué par son esprit naturel non moins que par ses richesses, a visité une bonne partie des régions dont je parle.

En me donnant un jour un perroquet de l'Ounyamouézi, qui imitait à ravir le bêlement des
moutons et les cris de plusieurs oiseaux, il me dit :
«Cet oiseau vient d'un pays qui est le jardin de l'A-
frique ; c'est une contrée magnifique dont les villages populeux et les champs fertiles, cultivés avec
soin, font un paradis terrestre.

« De grands troupeaux d'animaux de toute espèce

dispersés dans les pâturages animent les campagnes et leur donnent un air de richesse et d'abondance, qu'on ne trouve nulle part ailleurs. L'air
y est si frais, la température si agréable, la nature
si belle, qu'au coucher du soleil, les indigènes eux-
mêmes, généralement peu sensibles aux poésies
de la nature, se sentent vivement impressionnés
au milieu de leurs rivages ou de leurs forêts. »

Dans ces dernières habitent en grand nombre le
lion, le léopard, le chat-tigre, l'éléphant, le rhinocéros, le buffle, la girafe, le zèbre, et les chiens
sauvages qui, se réunissant par bandes, font la
chasse aux plus grands animaux.

Comme tous les peuples, le juif excepté, les Mouézi subissent l'influence satanique de la déformation. Ainsi, plusieurs tribus se font, au moyen
d'un couteau, une double rangée de cicatrices,
depuis les yeux jusqu'à la bouche. Ce tatouage est
noir chez les hommes et bleu chez les femmes.

De plus, comme marque distinctive de leur nationalité, tous se font arracher les deux incisives du
milieu de la mâchoire inférieure. Hommes et femmes sont avides d'un certain genre de beauté, qui
consiste dans la longueur démesurée des oreilles.
Pour obtenir ce nouvel agrément, ils se suspendent
aux oreilles de pesants morceaux de bois, de cuivre
ou d'ivoire. Un plastron de cuir compose leur vêtement, et une jupe en cuir constitue la crinoline
africaine.

Le droit coutumier est le code unique des Mouézi. Chez des peuples étrangers aux idées chrétiennes, il est ce qu'il peut être et ce qu'il sera toujours, barbare et ridicule.

En voici quelques preuves. Lorsqu'une femme met au monde des jumeaux, on en tue toujours un. A sa place on met une gourde qu'ont emmaillotte avec soin. Si la femme meurt sans enfant, le veuf réclame au beau-père le prix auquel il l'avait achetée.

De copieuses libations accompagnent toujours la naissance des enfants. Ces petits de l'espèce humaine sont la propriété du père, qui peut les tuer ou les vendre selon ses caprices.

Les enfants censés illégitimes sont seuls héritiers, par la raison que les enfants légitimes ont une famille qui prendra soin d'eux. L'obligation de la famille n'est pas de longue durée : à dix ans un enfant peut déjà se suffire à lui-même, puisqu'on l'habitue au travail dès l'âge de quatre ans.

La condition des jeunes filles a quelque chose d'étrange : jusqu'à quinze ans elles ne connaissent pas l'usage des vêtements. Arrivées à cet âge, elles quittent le toit paternel, et toutes celles qui sont nées la même année, vont habiter une demeure commune, jusqu'à ce qu'elles trouvent à se marier.

Les jeunes gens se marient, c'est-à-dire achètent une femme qui leur coûte quelques vaches.

9.

Bien que le mari ait le droit de réclamer des dommages-intérêts en cas d'adultère de sa femme, il ne peut la vendre que dans le cas d'extrême nécessité. Les noces se célèbrent avec force bacchanales, et la polygamie est permise à ceux qui ont de l'argent. Avec de pareilles mœurs, on comprend que les liens de famille ne sont qu'un mythe.

A ces coutumes ridicules et immorales, relatives aux vivants, il s'en ajoute de cruelles à l'égard des morts. Dans certaines tribus, on n'enterre pas les corps, afin de ne pas empoisonner le sol. On se contente de les jeter dans les broussailles, où ils sont dévorés par les hyènes et les chacals.

D'autres, au contraire, enterrent respectueusement les morts; et, par un sentiment filial, on tourne la figure du défunt vers le village où demeure sa mère.

Le corps est enterré debout ou assis, et tenant les bras sur les genoux : on tue un bœuf et une chèvre pour le festin des funérailles. Sur le visage du défunt est posée la peau de la chèvre, et celle du bœuf sur son dos, afin de le préserver du froid et de l'humidité. Un chef qui meurt loin de son village, est brûlé à l'instar des Banians.

La sépulture de quelques chefs influents est accompagnée de circonstances horribles, qui rappellent ce qui se passe sur la côte occidentale d'Afrique, dans cet affreux royaume du Dahomey. Voilé d'une peau de bête et couvert d'un manteau de cuir, le corps est déposé dans un caveau muré, où il est assis, tenant son arc à la main.

Trois femmes esclaves, l'une devant lui, l'autre à sa droite et la troisième à sa gauche, sont enterrées vivantes, pour épargner au chef les ennuis de la solitude. Pendant qu'on ferme le mausolée, on fait de copieuses libations, sans doute dans le but de distraire ces trois malheureuses victimes, dont le sort fait frissonner.

Afin de n'avoir pas à y revenir, je consigne ici quelques détails sur la condition de la femme dans la plupart des tribus africaines. A mon sens, rien n'est plus capable d'éveiller dans la femme chrétienne le sentiment de la reconnaissance pour le Dieu qui a été deux fois son rédempteur, enflammer son zèle pour la propagation de la foi, peut-être pour développer en elle la vocation de l'apostolat.

C'est au capitaine Speke, témoin oculaire, qu'est emprunté le récit qu'on va lire.

« Le 19 février 1863, nous arrivâmes en vue de *Kibuga*, palais royal de Mtésa, roi de l'Ouganda, pays situé à peu près sous l'équateur, non loin du grand lac Nyanza-Victoria. Dans ma visite officielle, je trouvai le monarque, entouré de ses femmes et vêtu à l'européenne, avec des pantalons que la veille il m'avait empruntés tout exprès. Dieu sait comme lui va ce costume qui lui inspire un orgueil extraordinaire.

« Bientôt on fit défiler devant nous une vingtaine de jeunes filles à peine vêtues. Toutes frottées
de graisse et reluisantes comme des miroirs, elles
allaient prendre place dans le harem, tandis que
leurs pères, se roulant aux pieds du roi, manifes-
taient, par des *n'yanzig* insensés, leur reconnaissance et leur bonheur.

Une vieille matrone, grave et posée, se leva pourtant de l'endroit où elle était accroupie, et son im-
périeux *par file à gauche, en avant*, mit fin à cette
scène honteuse et grotesque.

« Grotesque, ai-je dit ; mais dans ce milieu
d'esclavage sans limite et de despotisme sans frein,
le sort de ces femmes tourne souvent au tragique.
Voici déjà quelque temps que j'habite l'enceinte de
la demeure royale, et que, par conséquent, les
usages de la cour ne sont plus pour moi lettre close.

« Me croira-t-on cependant si j'affirme que, depuis mon changement de résidence, il ne s'est pas
passé de jour, où je n'aie vue conduire à la mort
quelquefois, une, quelquefois deux et jusqu'à trois
ou quatre de ces malheureuses femmes, qui composent le harem de Mtésa.

« Une corde roulée autour des poignets, traînées
ou tirées par le garde du corps qui les conduit à
l'abattoir, ces pauvres créatures, les yeux pleins
de larmes, poussent des cris à fendre le cœur :
Haï, Minangé! O mon Seigneur ! *Mkama!* Mon
roi ! *Hai, N'yawio!* O ma mère !

« Et malgré ces appels déchirants à la pitié pu-
blique, pas une main ne se lève pour les arracher
au bourreau, bien qu'on entende çà et là quelque
spectateur préconiser à voix basse la beauté de
ces jeunes victimes, sacrifiées à je ne sais quelle
superstition ou quelle vengeance [1].

« Le 26 avril Mtésa nous dirigea vers une île,
occupée par le génie du lac. Une fois à terre, tout
le cortége royal se mit à circuler dans une espèce
de verger qu'il moissonnait gaiement, lorsqu'une
des femmes du roi, charmante créature, par pa-
renthèse, eut la malheureuse idée, croyant lui
être agréable, de lui présenter un fruit qu'elle venait de cueillir.

« Aussitôt, comme pris d'un accès de folie, il
entra dans la plus violente colère. « C'est la première fois, disait-il, qu'une femme s'est permis
de m'offrir quelque chose. » Là-dessus, sans allé-
guer d'autre motif, il enjoignit à ses pages de saisir
la coupable, de lui lier les mains et de la faire exécuter sur-le-champ.

« A peine ces mots prononcés, tous les jeunes
drôles à qui le roi s'adressait déroulèrent, en un
clin d'œil, les turbans de corde qui ceignaient leurs
têtes, et, comme une meute de bassets avides, ils
se précipitèrent sur la belle créature qui leur était
livrée.

[1] *Tour du monde*, n. 230, p. 350.

« Celle-ci, indignée que de pareils marmots se crussent autorisés à porter la main sur sa royale personne, essaya d'abord de les repousser comme autant de moucherons importuns, tout en adressant au roi des remontrances passionnées ; mais en peu d'instants ils l'eurent saisie, renversée, et tandis qu'ils l'entraînaient, l'infortunée nous adjurait de lui prêter aide et protection.

« Lubuga, la sultane privilégiée, s'était jetée aux genoux du roi, et toutes ses compagnes, prosternées autour de lui, sollicitaient le pardon de leur pauvre sœur. Plus elles imploraient sa merci, plus semblait s'exalter sa brutalité naturelle, jusqu'à ce qu'enfin, s'armant d'une espèce de massue, il en voulut frapper la tête de sa malheureuse victime.

« J'avais pris, jusqu'alors, le plus grand soin de n'intervenir dans aucun des actes arbitraires, par lesquels se signalait la cruauté de Mtésa, comprenant du reste qu'une démarche de ce genre, si elle était prématurée, produirait plus de mal que de bien.

« Il y avait toutefois dans ce dernier acte de barbarie, quelque chose d'insupportable à mes instincts britanniques, et lorsque j'entendis mon nom, *Mzungu!* prononcé d'une voix suppliante, je m'élançai vers le roi, dont j'arrêtai le bras déjà levé, en lui demandant la vie de cette femme.

« Il va sans dire que je courais grand risque de

sacrifier la mienne, en m'opposant ainsi aux caprices d'un tyran ; mais dans ces caprices mêmes
je trouvai mon salut et celui de la pauvre victime.
Mon intervention, par sa nouveauté hardie, arracha un sourire au despote africain, et la prison-
nière fut immédiatement relâchée [1]. »

Si elle varie dans la forme, la cruauté envers la
femme reste la même, quant au fond, sur la malheureuse terre d'Afrique. « Dagara, roi du Karagué, étant mort, continue le capitaine Speke, son
corps fut porté sur une montagne. Au lieu de l'en-
terrer, le peuple construisit une hutte pour l'abriter.
On y fit entrer de force cinq jeunes filles et cinquante vaches, et, toutes les issues solidement
barricadées, on les y laissa mourir de faim [2]. »

En Chine, on estropie la femme en s'efforçant de
lui rendre les pieds si petits, qu'elle peut à peine
marcher. Ici, dans le royaume du Karagué, la
malheureuse fille d'Ève est soumise à un genre de
déformation tout opposé.

Avant d'arriver chez Rumanika, roi de ce pays,
le capitaine Speke avait appris d'un Arabe, que les
femmes des rois et des princes étaient soumises à
un système d'engraissement tout particulier. « J'a-
vais à cœur, dit le célèbre et véridique voyageur,
de vérifier ce détail de mœurs. Ce fut le principal

[1] *Tour du monde*, n. 231, p. 355.
[2] *Ibid.*, n. 229, p. 322.

motif de la visite que je fis au frère du roi. Mon
Arabe ne m'avait rien dit de trop.

« En pénétrant dans la hutte, je trouvai le
vieillard et sa principale femme assis côte à côte,
sur un banc de terre gazonnée, au mili.. des tro-
phées d'arcs, de javelines et de sagaies, suspendus
aux poteaux qui soutenaient la toiture en forme
de niche.

« Les dimensions tout à fait extraordinaires de
l'opulente et plantureuse maîtresse du logis passaient toutes les idées que j'aurais pu me faire
d'après les récits de l'Arabe. Cependant sous le
débordement de cet embonpoint formidable, quelques traits de beauté subsistaient encore.

« Quant à se tenir debout, ceci lui était littéralement impossible. Elle en eût été empêchée, au
besoin, par le seul poids de ses bras aux jointures
desquels pendaient, comme autant de *puddings*
trop délayés, des masses de chair abondante et molle.

« L'accueil du prince et de ses fils, ces derniers
du plus beau type abyssinien, fut marqué au sceau
d'une politesse exquise. Ils avaient entendu parler
de nos peintures et prirent un grand plaisir à les
regarder, surtout celles des animaux qu'ils pouvaient reconnaître et qu'ils nommaient en riant
aux éclats.

« Je m'enquis de la raison pour laquelle tous
ces pots de lait se trouvaient ainsi réunis autour
d'eux. Leur père se chargea de me l'expliquer en

me montrant sa femme. «C'est de là, me dit-il, que lui vient toute cette rotondité. C'est en les gorgeant de lait dès leur plus jeune âge, que nous obtenons des femmes dignes de nous et de notre rang[1].»

Cette première visite du capitaine anglais avait eu lieu le 26 novembre. Afin de s'assurer que le phénomène dont il avait été témoin n'était pas un fait exceptionnel, le 14 décembre, il fit une seconde visite dans une autre case royale. « Je suis allé, dit-il, chez une des belles-sœurs du roi, pour étudier de plus près un de ces phénomènes d'obésité dont je viens de parler.

« Celle-ci, comme l'autre, ne peut marcher qu'à la façon des quadrupèdes. Pour l'amener à se laisser examiner en détail et à me permettre de prendre la mesure exacte de toutes ses dimensions, je lui propose de lui montrer mes bras et mes jambes à l'état de nature.

« La fille d'Ève mord à la pomme, et lorsque, serpentant et se traînant, je l'ai fait arriver au milieu de la hutte, je prends sur elle, ma promesse tenue, les mesures suivantes : Tour du bras, un pied onze pouces; buste, quatre pieds quatre pouces; cuisse, deux pieds sept pouces; mollet, un pied huit pouces; hauteur du sujet, cinq pieds huit pouces[2].

---

[1] *Tour du monde*, n. 228, p. 318.

[2] Il ne faut pas oublier qu'il s'agit ici de pieds et de pouces anglais. Le pied de 12 pouces équivaut à 304 millimètres, le pouce à 25 millimètres et une fraction.

« Pendant cette opération, la fille de la princesse, qui achève sa seizième année, se tenait
assise devant nous, dépouillée de tout vêtement,
absorbant à petites gorgées un pot de lait, sous
l'œil de son père, qui, baguette en main, et prêt
à la châtier pour l'y contraindre, préside à cette
monstrueuse déformation, que la mode impose aux
femmes de ce pays [1]. »

[1] *Tour du monde*, n. 229, p. 346.

CHAPITRE XVIII

Je reviens à nos Mouézi. Mieux que tous les raisonnements, l'état dans lequel ils se trouvent démontre que la foi est la mère de l'intelligence et le catholicisme le père de la civilisation.

Malgré la bonté de leur naturel et la fertilité de leur sol, les Mouézi sont relativement très-malheureux, non-seulement sous le rapport moral, mais même sous le rapport physique. Encore quelques détails sur ce peuple, dont l'évangélisation sera un des premiers soins de la Congrégation du Saint-Cœur de Marie.

Les maisons ou mieux les huttes, dans certaines tribus, sont ornées de grossières figures d'hommes et de serpents, faites avec du mortier, de la cendre et de la terre rouge. On aperçoit même sur les maisons et dans les champs des croix assez nombreuses. Elles sont aujourd'hui de pure ornementation;

mais elles accusent peut-être une civilisation chrétienne, introduite dans les temps reculés par les colonies abyssiniennes.

Entre la plupart des Africains, les Mouézi se distinguent par une certaine fierté et un penchant marqué à l'indépendance. C'est ainsi que les époux ne mangent pas ensemble et que l'enfant lui-même ne voudrait pas s'asseoir à la table de sa mère.

Pour le même motif, on construit aux deux extrêmités des villages de vastes cases, où les hommes de leur côté, les femmes de l'autre, passent la journée à boire et à manger.

Par raison d'économie, certains indigènes ne mangent qu'une fois le jour de l'ougali, bouillie de farine, et trompent leur estomac en mâchant de la terre rouge, qu'ils prennent dans les fourmilières.

Peu délicats sur la nourriture, puisque, comme je l'ai dit, ils mangent les bêtes crevées, les Mouézi ne se nourrissent jamais de volailles, à cause de leur prétendue parenté avec les vautours. Ils refusent de manger du mouton et du gibier, tandis qu'ils dévorent avec avidité la chair du lion, du léopard, de l'éléphant, du rhinocéros, des rats, du chat sauvage et de l'âne.

Que dirai-je de leur industrie et de leur culture littéraire? Dans la plupart des tribus, l'industrie se borne au tissage de grossières cotonnades et à la fabrication d'armes, de bols et de paniers. Malgré

la richesse de leur idiome, leurs chants, dépourvus
de littérature, consistent à répéter toujours un
certain nombre de mots.

Sous le rapport de la religion, ces malheureux
peuples sont esclaves des usages les plus superstitieux et les plus absurdes. Chez quelques tribus,
ces usages se manifestent surtout dans certaines
maladies des chefs. Un de ces petits tyrans vient-il
à tomber malade, aussitôt on suppose que quelque
maléfice en est la cause : on appelle le mganga.

Le *médium*, comme on dit aujourd'hui en Europe,
prend une poule, lui fait avaler un philtre mystérieux, la tue, l'ouvre et en examine les entrailles.
A part quelques circonstances accessoires, telle
était, dans la belle antiquité, la conduite de tous
les prêtres de Satan.

Si la chair de l'oiseau offre quelques défec-
tuosités près des ailes, les enfants et les autres
proches parents sont convaincus de crime. La
colonne vertébrale tachée, prouve la culpabilité de
la mère et de la grand'mère. La queue accuse
l'épouse. Les cuisses inculpent les concubines, et
les pattes, les esclaves.

L'examen fini, on réunit les prétendus coupables.
Après avoir drogué une seconde poule, le mganga la
jette au-dessus de la bande incriminée. Le malheureux sur qui tombe l'animal est déclaré coupable. Aussitôt, on lui place la tête entre deux
planches que l'on serre si fortement avec des

cordes, que la cervelle finit par sortir du crâne écrasé.

Ces immolations horribles se renouvellent chaque jour, jusqu'à la mort ou à la guérison du chef. Il en résulte que si la maladie se prolonge, un grand nombre de malheureux sont victimes de cette abominable superstition. Mais si le chef vient à mourir, on enterre le magicien avec lui : y a-t-il de l'injustice ?

Que dire maintenant de la religion des nombreuses tribus de l'Ounyamouézi? Elle consiste tout entière dans un grossier fétichisme. D'origine évidemment satanique, ce culte informe s'explique par la topographie des lieux.

Beaucoup ont quelque chose d'extraordinaire et de terrible, en sorte qu'ils agissent fortement sur l'imagination de ces sauvages. Ne connaissant pas le Créateur, et voyant quelque chose de mystérieux dans ses ouvrages et dans les phénomènes de la nature, ils ont fini par les prendre pour des divinités.

Le fétichisme n'est donc autre chose que le culte des objets vivants ou inanimés, qu'ils ont sous les yeux et auxquels ils attribuent un pouvoir surhumain.

Tout en admettant d'une manière confuse l'existence d'un être suprême, ils mettent à peu près sur le même rang les démons et les spectres, inventés par leur imagination enfantine, ou produits à leurs yeux par le Père du mensonge. Là, se trouve la raison de l'influence prodigieuse des sorciers.

Quant à la vie future, ces Africains n'y voient, en général, que la continuation de la vie matérielle d'ici-bas. Ce qui le prouve d'une manière évidente, ce sont les esclaves qu'on enterre avec les morts, les vivres qu'on dépose sur les tombes, le feu qu'on allume lorsque les nuits sont froides, et le toit en chaume qui abrite ordinairement le petit mausolée des défunts.

Non-seulement les Mouézi croient à une vie postérieure à la mort, mais encore à une vie supérieure à la vie présente; puisque, comme revenant, le défunt aura un pouvoir qu'il n'avait point ici-bas.

A ces pratiques et à ces croyances, si on ajoute la vénération du soleil et de la lune, auxquels sont attribués les belles moissons et les décès des hommes, on aura le symbole, le décalogue et le culte de ces pauvre peuplades.

Au lieu de faire leur bonheur, le fétichisme les rend malheureux. Né de la crainte qui peuple d'ennemis le monde invisible, il n'inspire d'autre pensée que de détourner le mal de soi-même, en le transférant aux autres par des moyens surnaturels. Une pareille religion, il est facile de le comprendre, nourrit l'égoïsme et conduit à des actes d'une démonocratie abominable.

Qu'on juge par cette simple esquisse de l'état de ces millions d'âmes, rachetées comme nous par le

sang du Calvaire, et de leur immense besoin d'être
secourues par leurs frères d'Europe, en pleine possession des paroles de vie pour le présent et pour
l'avenir.

CHAPITRE XIX

Départ de Bagamoyo. — Le fleuve Kingani. — Les Vadoé
peuples anthropophages. — Leur costume. — Leurs armes. —
Victimes humaines. — Résolution d'entrer dans le pays des
Vadoé. — Refus du capitaine. — Trois contrariétés. — Ar-
rivée au port de Kipombouy. — Accueil fait au missionnaire.
— Influence de la mission catholique. — Visite au chef. —
Case offerte au missionnaire et à ses compagnons : description.
— Départ. — Calme plat. — Chant des nègres. — Arrivée à
Pangani. — Le grand chef.

Après avoir passé dix jours à Bagamoyo, nous cin-
glâmes vers le nord, en passant devant l'embouchure du Kingani. Ce beau fleuve sépare le pays des
Vazaramo, de celui des Vadoé. La dernière peuplade
que je viens de nommer est essentiellement anthropophage.

Elle se tient derrière les montagnes élevées de
Sandani, dont l'agréable vue me rappelait les gigantesques Salazes de l'île de la Réunion. Ces belles
montagnes de Sandani, sur lesquelles on aperçoit
des arbres à encens et à copal, s'élèvent vis-à-vis
de Zanzibar, d'où on les voit distinctement, n'étant
qu'à une distance de dix lieues.

Un peu au delà du Kingani, on rencontre la rivière Vouami, entre les ports de Sadani et de
Whindi. Whindi est un village fortifié, parce qu'on

se défie beaucoup des Vadoé, qui sont la terreur de tout le voisinage : ce n'est pas sans raison. Les Vahamba eux-mêmes, quoique très-forts et très-braves, n'osent plus les attaquer.

Le fait suivant explique leur crainte. Un jour sur le point de succomber dans un combat contre les Vahamba, les Vadoé se mirent à rôtir et à manger les morts, tombés sur le champ de bataille. C'était un stratagème horrible; mais il suffit pour mettre en fuite les premiers, qui ne voulurent pas servir de pâture aux derniers.

Continuant notre voyage, nous arrivâmes à Kipombouy, où nous rencontrâmes quelques Vadoé. Ils ont l'air de démons. Les hommes et les femmes vous présentent, comme ornement de tête, deux larges cicatrices rouges, courant depuis les tempes jusqu'au bas du menton. A leur bouche, manquent les deux incisives de la mâchoire supérieure, qu'ils ont soin d'arracher. Leur costume, formé de peaux teintes en jaune, achève de leur donner un aspect sauvage.

Outre les armes ordinaires aux Africains, les hommes portent un grand couteau à double tranchant, une massue, une hache de bataille, un bouclier de peau de rhinocéros, et ce qui est épouvantable, des crânes humains pour y boire.

Lorsqu'un homme libre meurt, on enterre avec lui deux esclaves vivants de sexe différent. L'un, armé d'une hache, doit couper le bois à feu pour chauffer son maître dans l'humide région des morts.

L'autre est destinée à supporter la tête du défunt et à lui servir à des usages qu'on devine facilement.

Comme j'avais souvent entendu parler des Vadoé,
à Zanzibar, où leur sauvagerie est connue, l'échan-
tillon qui était sous nos yeux ne me suffisait pas. Mon
grand désir était d'aller visiter chez elle cette horde
barbare. Mais j'avais compté sans la lâcheté de
notre capitaine. Arrivé devant le petit port de Sadani, je dis donc à notre vaillant marin: «*Nahousa,
nanda, Sadani houa Vadoé:* Capitaine, allez mouiller à Sadani, chez les Vadoé. »

A ces mots, le brave qui avait une peur bleue
d'être mangé, fit une exclamation et une mine impossible à rendre. Par un trait de finesse orientale,
il me répond : « *Naïfaï, Mavoué thélé :* Oh! c'est
impossible; il y a là trop de récifs.»

Je marchande avec lui en lui disant de carguer la
voile et de mettre les hommes à la rame, afin de ne
pas compromettre le boutre. *Naïfaï,* naïfaï, fut encore sa réponse. N'osant avouer sa poltronnerie, le
pauvre capitaine se retrancha derrière son argu-
mentation sur les récifs, et je fus obligé de céder.

Il eût été assez facile de nous consoler de cette
mésaventure, si d'autres contrariétés ne nous étaient
survenues. La première fut un calme plat qui nous
prit tout à coup et qui dura deux jours. Le calme
plat est ennuyeux même sur un navire, où l'on peut
se garantir des ardeurs du soleil, au moyen des

voiles. Sur le boutre arabe, il est impossible de se procurer un pareil soulagement.

La seconde contrariété fut donc pour nous l'obligation de rester, pendant toute la journée, sous un soleil de plomb, dont l'ardeur nous faisait tellement monter le sang à la tête, que nous craignions à chaque instant d'être frappés d'appoplexie. La nuit, les courants marins produisaient un tel roulis, que notre embarcation fut vingt fois au moment de chavirer.

La troisième fut une soif ardente qui nous dévorait. Par surcroît de malheur, nous manquions d'eau douce. Il en restait bien un peu, dans laquelle les noirs matelots se lavaient les mains et la figure. De plus, elle était dans la cale nouvellement calfatée d'huile de poisson, dont elle avait pris l'odeur infecte. Mais l'ardeur de la soif nous forçait à surmonter toute répugnance et à boire de cette infection.

Après deux jours et deux nuits de souffrances, une petite brise nous permit de mouiller dans le port de Kipombouy, où nous pûmes faire nos provisions d'eau pour nous et de paille pour nos ânes.

L'accueil que nous reçûmes des indigènes fut si chaleureux, qu'il me fit croire un instant à un stratagème. Un grand nombre d'hommes, accourus sur la plage, s'empressèrent de nous donner d'affectueuses poignées de main: ce qui était loin de dissiper ma défiance.

Mais je fus complétement rassuré, l'orsqu'un de ces bons indigènes, prenant la parole, me dit: «Nous vous connaissons bien; vous êtes le prêtre français qui soigne les pauvres et les malades. « Nous vous connaissons, car plusieurs d'entre nous ont été à Zanzibar. » — « Ne me reconnaissez-vous pas, dit un autre? j'ai été quelque temps votre voisin à Zanzibar, où vous m'avez soigné pendant ma maladie. Soyez le bienvenu, nous sommes heureux de vous voir ici.»

Alors le *jambo sana, comment vous portez-vous*, recommença de plus belle. Puis, on s'empressa de nous apporter des cocos pour nous rafraîchir. Cet accueil plein de respect et de cordialité, fut pour moi une grande consolation. Il était la preuve certaine de l'influence de la mission catholique, dont les œuvres de charité étaient connues au loin.

Aussi nous étions à peine arrivés près du village, qu'on vint de tous côtés nous demander du *dava*, des médicaments.

Mais épuisé par la fièvre, la fatigue, les insomnies et les privations supportées à bord du boutre, je fus obligé de m'appliquer le dicton : *Medice, cura te ipsum* [1], et de me coucher au milieu du village, en attendant que notre case fût choisie. Dans cet état je me disais : « Il faut que ces Souahili soient bien bons, pour qu'il ne leur vienne pas l'idée de nous voler le peu d'argent que nous avons. »

---

[1] Médecin, guéris-toi toi-même.

Après quelques moments de repos, je tentai une réaction capable de calmer la fièvre qui me dévorait. Dans ce but, je me décidai à faire à pied une excursion d'une lieue, pour voir le grand chef qui demeurait dans le village voisin. Ce haut personnage nous fit bon accueil et voulut nous faire cadeau d'une chèvre de toute beauté. Je crus devoir la refuser, afin de conserver toute notre indépendance.

Au retour, notre demeure située sur le rivage, du beau port de Kipombouy, était prête. C'était un de ces palais africains dont l'architecture n'est d'aucun style, si ce n'est celui de l'incurie et de la bêtise.

Quelques pieux plantés en terre et recouverts d'un toit de paille, au travers duquel la pluie passe tout à son aise, forment les plus belles et surtout les plus agréables constructions du pays. Ajoutez que la case est toujours pleine de cendres; car on les réserve pour le premier jour de l'an, époque à laquelle on les jette à la croisée des sentiers.

Notre case avait un agrément particulier: les pieux de l'entourage étaient si espacés, que les chats pouvaient à volonté nous rendre leur visite, et à plus forte raison le vent frais du soir, qui redoubla ma fièvre.

Le frère Marcellin, aidé de Mousa, avait préparé en plein air notre petite cuisine; mais la fatigue ne nous permit pas d'y faire honneur. Nous passâ-

mes donc la nuit comme nous pûmes, et le lendemain, après avoir donné vingt sous au chef du village, pour le loyer de son palais et la fourniture du
bois à feu, nous nous embarquâmes de bon matin
afin de voguer vers Pangani.

A peine étions-nous en mer, depuis une heure,
qu'un nouveau calme nous surprit et dura jusque
vers le soir. Pour charmer nos ennuis, les matelots nègres se mirent à chanter, de cette manière
monotone qui agace les nerfs.

Passionnés pour le rhythme, dont ils ont le sentiment à un haut degré, les noirs ne se doutent
même pas de la musique. Leurs chants consistent
dans la répétition interminable des mêmes notes
et des mêmes paroles, qui n'ont pas le moindre sens.
Qu'ils rament, qu'ils hissent la voile ou qu'ils la
carguent; qu'ils attisent le feu ou fassent n'importe
quoi, ils répéteront, pendant des heures entières,
leur assommante mélodie.

Après avoir eu, toute la journée, la figure brûlée
par le soleil et les oreilles déchirées par nos matelots, nous eûmes la consolation de voir s'élever
une petite brise, qui nous permit d'arriver à l'embouchure du Pangani. Ce magnifique fleuve, qui
prend sa source dans les montagnes de Kourtaine
couvertes de neige, se jette dans l'océan Indien, à
l'ouest de la pointe nord de l'île de Zanzibar.

Près de l'embouchure se trouve le village de
Pangani, où nous mouillâmes. Pour approcher de

de terre, nous n'avions qu'une petite pirogue, qui menaçait à tout instant de chavirer et qui pouvait à peine contenir deux personnes. Le chef du village qui s'aperçut de notre détresse nous envoya une chaloupe, au moyen de laquelle nous abordâmes sans danger. Quant à nos ânes, on les jeta à l'eau et, comme toujours, ils gagnèrent la terre à la nage.

Le rivage était couvert de soldats et de masses de noirs. Tous nous accueillirent amicalement et nous conduisirent chez le grand chef du pays. C'est un riche Arabe, aux manières distinguées et d'une des meilleures familles de Zanzibar. La réunion dans ses mains de l'autorité militaire et de la charge de collecteur des douanes dans ces contrées, en font un personnage très-important.

Je vais vous parler de ma visite et de sa réception.

CHAPITRE XX

A peine débarrassé de la foule qui nous entou-
rait, je m'acheminai vers la demeure du grand chef.
Après lui avoir donné la main et souhaité le bonjour, je lui présentai les lettres de recommandation, que le Sultan et le gouverneur de Zanzibar
avaient bien voulu me donner, pour assurer le
succès de mon voyage.

Bien que rédigées en termes très-flatteurs pour
le pauvre missionnaire, je n'ai pas cru devoir y
rien changer, en les traduisant de l'arabe, afin de
leur conserver le cachet du style oriental.

Voici la première lettre du Sultan. « Au nom de
Dieu. A toute personne de notre service et autres
qui verront les présentes, salut.

« Notre courageux et généreux ami, le père
Horner va se promener dans tous nos villages pour
voir le pays. J'aime à croire que vous lui ferez toute
espèce de politesses et que vous lui rendrez tous

les services possibles. — 12 Djoumadi, Elaouel 1283
de l'hégire (22 septembre 1866 — Saïd-Meggid). »

La lettre du gouverneur de Zanzibar est ainsi
conçue. « Au nom de Dieu. Saïd Soliman-Ben-
Hammed. Tous nos amis d'Afrique sont prévenus que
notre ami, le Père français ira chez eux pour se
promener et voir le pays. Vendez-lui tout ce qu'il
voudra acheter et satisfaites à tous ses besoins. Les
politesses qui lui seront faites, seront regardées
comme faites à nous-même. — 12 djoumadi
Elaouel 1283. — Signé : Soliman-Ben-Hammed,
gouverneur de Zanzibar. »

La seconde lettre du Sultan l'emporte encore sur
les autres. — « Au nom de Dieu. — Saïd Meggid-
Ben-Saïd. — A notre ami le djémadar Sabour-Ben-
Moussaphir. — Salut — Que la paix de Dieu soit
avec vous ! — Mon ami le père Horner viendra
chez vous. Veillez à lui fournir tout ce dont il aura
besoin, faites-lui les plus grandes politesses.

« Agissez, en un mot, de manière à ce qu'il ait lieu
de nous remercier à son retour. Salut. — Signé : Saïd
Meggid Ben-Saïd. 12 djoumadi Elaouel 1283. »

Ceux qui liront ces lettres trouveront sans doute,
comme moi, qu'elles respirent une foi qui ferait
honneur au style diplomatique des pays civilisés.

Quoi qu'il en soit, après en avoir pris connaissance, le chef les baisa respectueusement et me

les rendit, en disant : « Je suis vraiment désolé de
ne pouvoir recevoir aussi dignement qu'ils le mé-
riteraient, les amis de notre bon Sultan. »

Là-dessus, nous fîmes tour à tour l'éloge de notre
cher souverain. Tout à coup Mousa, présent à
l'entretien, emboucha, *ex abrupto*, la trompette
épique, pour célébrer les merveilles de ma médication. Jamais je ne l'ai vu en verve comme ce jour-là.
Il en vint jusqu'à dire que j'étais capable de guérir
toutes les maladies, qui n'exigeaient pas un miracle de premier ordre.

J'avais beau lui dire : « Mousa, assez de paroles. »
Il était trop lancé pour pouvoir s'arrêter, et il me
répliqua : « Mon père, laissez donc faire ; c'est ainsi
qu'il faut parler à des gens qui ne connaissent
rien ; cela leur donne une haute idée des blancs. »
Dans le fond, je soupçonne que Mousa voulait se
grandir, en se faisant passer pour l'homme d'affaires
d'un blanc si habile.

Pendant que mon Arabe pérorait, le chef envoya
des soldats pour préparer, à la mode du pays, une
petite maison en pierre, destinée à nous servir de
logement.

Cette maison, composée d'une seule chambre de
huit pieds carrés, était tout ce que nous avions
trouvé de mieux jusqu'alors. Afin de nous empêcher de mourir de faim et de soif, le bon chef
nous envoya des cocos pour nous rafraichir, avec
un sac de riz et trois moutons pour nous nourrir.

C'était plus qu'il ne fallait pour les besoins de notre petite caravane.

Pangani, que nous visitâmes le lendemain, est un pays d'une fertilité proverbiale. C'est au point qu'on dit à Zanzibar: Il suffit de jeter un morceau de canne à sucre à Pangani, pour qu'il pousse de lui-même. Mais autant le sol est fertile, autant la population est malheureuse. Elle passe un mois de l'année à semer et à récolter le riz et le mtama: le reste à danser.

Je n'exagère pas, ceux qui connaissent l'Afrique savent que les nègres sont infatigables à la danse. Gorgés de Tembo ou vin de cocos, nos habitants de Pangani dorment le jour et passent des nuits entières à des danses bruyantes, dont l'agrément est rehaussé par le vacarne de tambours, de dimensions et de sonorités différentes.

Des amusements aussi fatigants que ceux-là, joints aux désordres dont ils sont l'occasion, rendent la population très-malsaine au point de vue physique et moral. Hommes et femmes sont de véritables squelettes, parmi lesquels il est difficile de voir quelques individus réellement bien portants.

Aussi, les hableries de Mousa m'attirèrent une besogne exceptionnelle. Depuis dix heures du matin jusqu'à dix heures du soir, je n'eus pas un moment de repos : tout le monde accourait pour avoir du *dava*, de la médecine, ou au moins une consultation.

A ceux qui étaient minés par la fièvre, je donnais un peu de quinine ; à ceux qui étaient atteints d'ophthalmie, quelques gouttes d'eau de Cologne, mêlée avec de l'eau naturelle.

Comme ces pauvres noirs ne tiennent pas leurs yeux propres et que le vent les leur remplit souvent de sable, l'eau de Cologne, en les faisant pleurer, leur en faisait sortir le sable et leur procurait un soulagement immédiat. Il n'en fallait pas davantage pour me créer à l'instant, une réputation thérapeutique dans tous les environs.

Vers le soir, accouraient des villages entiers pour demander du *Dava*. Afin de soutenir mon rôle, il fallait contenter tout le monde. Là était le point difficile. Quand je me trouvais à court de science médicale ou de remèdes, j'employais sans hésiter les remèdes les plus simples du pays.

Un client venait-il me dire en toute simplicité : « *Boana*, monsieur, j'ai le ventre ballonné ? » je lui répondais : « Mon ami, mange un oignon cru, et cela passera. » Dans ces contrées l'oignon est regardé comme un bon fébrifuge.

Un autre, arrivant tout essoufflé, me disait : « Boana, je suis toujours en colère, dès que quelqu'un me parle, je m'irrite. » Je lui répondais gravement : « Voici un remède bien simple : enferme-toi dans ta case ; ne fréquente personne, et tu n'auras de dispute qu'avec toi-même. » Cette consultation plus qu'élémentaire causa une hilarité générale.

11

Après lui se présente un nègre d'une constitution robuste, jeune encore et qui me dit : « Boana, je n'ai point d'appétit et je ne puis dormir. » A sa mine il me parut être un grand danseur, et je lui réponds : « Tu es malade, parce que tu danses trop. »

Comme c'était le plus grand danseur de la côte, et que par conséquent j'avais deviné juste, tout le monde partit d'un éclat de rire si bruyant, que le pauvre jeune homme fut obligé de s'éloigner à la course.

Dès ce moment, je passai dans tout ce monde pour une espèce de prophète, qui connaissait les choses cachées aux autres hommes. Cette réputation m'attira une foule si prodigieuse de malades ou autres, que le soldat chargé de maintenir l'ordre tira son sabre et voulut frapper les plus empressés.

Je calmai son ardeur en lui disant que les blancs avaient l'habitude de traiter les pauvres et les malades, avec beaucoup de douceur et de charité.

Pendant que je donnais les consultations, le frère Marcellin préparait les médicaments. De grosses gouttes de sueur ruisselaient de nos fronts. Nous étions menacés d'être asphyxiés sous notre étroite varangue, lorsque je dis à notre clientèle de nous laisser un instant de repos, pour prendre notre souper.

Notre petit repas terminé, nous voyons arriver une bande de *bibis,* dames indiennes ou arabes. *Jambo, Salam, Souhakhéré :* « bonjour, salut, bonsoir, » se firent entendre de tous côtés. En même temps, notre demeure se remplit de cannes à sucre, qu'elles y firent jeter par leurs esclaves. C'était nous faire des cadeaux et nous dire : Nous savons vivre ; nous ne venons pas vous demander vos remèdes gratuitement.

D'après les usages du pays, ces femmes ne peuvent, sous aucun prétexte, sortir pendant le jour. Parmi elles se trouvait une matrone indienne, que sa beauté n'a jamais dû tenter de vanité ; véritable figure de caméléon, bouche de chacal, elle avait les yeux dans un état qui faisait horreur. L'eau de Cologne la soulagea.

Pendant plusieurs heures, je n'avais cessé de donner ou d'indiquer des remèdes. J'étais à bout de ressources ; car, pour conserver le prestige, il fallait varier les médicaments. « Boana, je tousse beaucoup, » me dit une vieille femme, à laquel! · je ne savais plus que donner ou indiquer. Heureusement le frère Marcellin me vint en aide, en disant : « Mon père, j'ai vu employer avec succès l'eau de sel. »

C'était un remède trop simple. Il fallait nécessairement le revêtir de quelque chose de mystérieux, pour lui donner de l'efficacité. Je dis donc à la matrone africaine : « Lorsque le soleil sera arrivé à la hauteur de cette montagne, et que le vent soufflera du côté de l'embouchure du fleuve, vous mettrez du sel marin dans un verre d'eau de pluie ou de marais, et vous la boirez en trois temps, en regardant le ciel chaque fois. »

A cause de ces particularités, ma médication émerveilla toutes mes Africaines, sur qui une indication pure et simple n'aurait fait aucune impression.

Cependant il était dix heures du soir. Le major et l'aide-major, harassés de fatigue, ne tenaient plus sur leurs jambes. Nous renvoyâmes notre clientèle, afin de prendre un peu de repos.

Une des causes des nombreuses maladies qui règnent à Pangani, c'est l'insalubrité du village. On a eu l'imprudence de le bâtir au milieu d'une ceinture de marais, à l'embouchure d'un fleuve dont les débordements trop fréquents inondent les habitations.

Le lendemain, nous étions à peine éveillés que des caravanes de Vasamba, venues de l'intérieur, voulurent nous rendre visite. Inutile de dire que nous fûmes l'objet de la curiosité la plus risible de la part de ces gens, qui n'avaient jamais vu d'hommes blancs.

Ils venaient de l'Ousambara: lointain pays, où il y a des villes de refuge pour les temps de guerre. Ces peuplades ont une espèce de code civil et religieux, non écrit, qui pourrait bien être une imita-

tion du Coran, ou peut-être le reste d'une ancienne
civilisation.

En ce moment, le gouverneur de Zanzibar leur
fait faire une guerre de conquête. Le général en
chef de l'armée est le frère de notre cuisinier. Cet
homme est le principal sultan de ces contrées et
en un mois il s'est rendu maître de trente villages.

Comme son frère l'avait prévenu par lettres arabes de notre arrivée à Pangani, ce Tamerlan mo-
derne devait nous faire une visite officielle. Un
pareil honneur me flattait peu, d'autant qu'il m'aurait fait perdre un temps assez considérable. Sans
l'attendre, nous partîmes pour visiter les pays
voisins.

Pangani est environné de montagnes d'une élévation moyenne de huit cents mètres au-dessus du niveau de la mer. Au sommet de ces montagnes, dont
l'ascension est assez difficile, nous trouvâmes des
plaines de toute beauté et nous jouîmes d'un spectacle d'autant plus magnifique que, de cette élévation,
on découvre la vaste mer des Indes.

Sur ces hauteurs, nous rencontrâmes de temps
en temps des Vasamba, couverts d'une bande de
peau de vache, passée autour des reins. Ces espèces
de sauvages portent au cou des colliers de perles
en verre, qui ont, disent-ils, la vertu de les préserver de tout malheur.

Pendant tout le voyage qu'ils font pour vendre à

Pangani leur tabac et leur beurre fondu, leur main
est armée d'un énorme casse-tête en bois, qui les
rend très-redoutables. A deux ou trois mois de marche de leur pays, sont situés les grands lacs africains
qui alimentent les sources du Nil.

Leur pays abonde en éléphants, dont la chasse se
fait avec une certaine solennité. On commence par
aller chez le mganga pour acheter des amulettes.
Roulées autour des lances, elles passent pour un
préservatif contre les dangers et pour un moyen
d'obtenir une bonne chasse.

Quelques jours avant de se mettre en campagne,
les hommes se livrent à des danses entremêlées de
libations, tandis que les femmes parcourent le village, en frappant à coups redoublés sur toutes
sortes de métaux sonores. Dans leur marche, elles
se jettent à droite et à gauche, pour imiter l'allure
de l'éléphant.

D'autres fois, rangées en ligne derrière une femme qui porte, en les agitant, deux longues pioches,
elles se livrent aux contorsions les plus grotesques,
afin de représenter la marche de divers animaux.
L'exercice terminé, elles vont demander des perles
aux principaux habitants, puis, se rendent à un
lieu désigné d'avance pour boire le pombé fermenté
et se mettre en gaieté.

Les malheureuses ne sont pas seulement gaies,
elles sont ivres ou à peu près. Dans cet état on commence la danse aux flambeaux, formés de mor-

ceaux de bois résineux trempés dans l'huile.

Ces réjouissances sont probablement une sorte de dédommagement accordé aux femmes, en vue de leurs privations futures. En effet, pendant l'absence de leurs maris, elles ne peuvent ni sortir de leurs maisons ni fumer la pipe qu'elles aiment tant.

La chasse se fait en cernant l'éléphant. Aussitôt que le cercle est formé, le mganga jette, en poussant un cri, la première lance à l'animal : elle est suivie d'une grêle d'autres lances qui finissent par accabler le colosse.

Chaque fois que l'éléphant veut charger un homme, un autre chasseur lui jette une lance. Cela dure aussi longtemps que l'énorme proie ne succombe pas par la perte de son sang. La chasse se termine par un grand repas, composé de la chair d'éléphant, dont on prend l'ivoire pour la vente et le cuir pour la fabrication des boucliers.

On voit que l'éléphant est l'animal providentiel de nos pauvres Africains.

CHAPITRE XXI

Les jours suivants nous nous remîmes en marche et, par des sentiers affreux, nous visitâmes une vingtaine de villages, plus ou moins éloignés de Pangani. Pour aller d'une bourgade à l'autre, il nous fallut traverser des haies et des fourrés dont les épines nous déchiraient à faire pitié.

Pour ne pas manquer à la modestie, nous fûmes obligés de relier nos habits avec des ficelles. Ce n'était là qu'une partie de nos tribulations. Sur toute la route nous rencontrâmes les fourmis rouges et noires, un des fléaux de l'Afrique.

Ces insectes traversent les chemins, comme une armée en campagne, en colonnes tellement serrées que souvent les ânes ne voulaient pas passer dessus. Si on ne les voit pas à temps, en un clin d'œil elles vous remplissent tout le linge. Elles sont énormes, et s'enterrent si profondément dans la chair. qu'on a beaucoup de peine à les en arracher.

Souvent aussi il arrive que. grimpant sur les arbres, elles vous tombent dessus au passage. Quelquefois on est obligé de retirer tout son linge, pour s'en débarrasser. On les appelle *madimodo*, c'est-à-dire eau bouillante, à cause du mal que produit leur morsure.

On dit que dans les grandes forêts des environs, il y a des fourmis de bois si grosses qu'elles détruisent les rats, les lézards et les serpents. Quoique je n'aie rien vu de pareil, j'admets cependant le fait comme possible.

Tous ces villages des Vasigua, dont la visite nous avait coûté tant de peines, nous reçurent sans crainte. Mais ils n'offrent rien d'assez remarquable, pour que je m'arrête à en faire la description. Ces peuples ont du reste de telles ressemblances avec les autres Africains que ce serait me répéter, d'en parler d'une manière spéciale.

Cependant la mousson approchait, et il fallait songer à quitter Pangani, dont le chef nous avait comblés de politesses. J'étais embarrassé pour trouver un cadeau digne d'un homme si bien élevé et si généreux ; car il avait pourvu à nos moindres besoins avec une attention et une délicatesse, qui rehaussaient le prix de ses libéralités.

N'ayant que des choses communes, je dis à Mousa : « Tu vas dire au chef qu'il est trop grand

et que je n'ai rien d'assez beau à lui offrir, en reconnaissance de ses bontés. » Avec sa faconde
ordinaire Mousa arrangea si bien la chose que le
chef, enchanté de ses compliments, nous envoya
encore du riz, deux moutons et d'autres provisions
pour continuer notre voyage.

La veille du départ nous remerciâmes donc ce
brave chef, en lui serrant affectueusement la main,
et le lendemain de très-bonne heure nous nous
embarquâmes pour Tanga. Mais de nouvelles et
terribles épreuves nous attendaient.

Au sortir de l'embouchure du Pangani, le vent
tombe tout à coup, et les courants nous entraînent
au milieu des vagues de l'Océan, qui viennent avec
fureur se briser aux rochers du rivage. Que devenir
sur cette mer en courroux? Tantôt le boutre dispa-
raît sous les vagues, tantôt, se renversant à droite et
à gauche, il semble devoir, à tout moment, nous en-
terrer dans l'élément liquide.

Pour nous rassurer, notre capitaine nous déclare
qu'il n'y a aucune chance de salut, et que nous
sommes perdus sans espoir. Là-dessus il se met à
jurer de toute la force de ses poumons.

Comme nous pouvions, d'une minute à l'autre,
être submergés, je cherchais à calmer le capitaine et à le préparer à la mort, ce que nous
faisions nous-mêmes. C'était peine perdue, ce
qui augmentait ma douleur. Ma préparation à la
mort finie, je continuai à réciter le *Souvenez-*

vous, comme j'avais fait au commencement du danger.

Pendant cette prière, ma dernière pensée se porta vers la pauvre mission de Zanzibar, déjà si pauvre en missionnaires. Quoique bien résigné à faire le sacrifice de ma vie, à celui pour la gloire duquel j'avais entrepris ce périlleux voyage, j'avoue qu'en ce moment une grande tristesse s'empara de mon âme. Quelle peine, disais-je en moi-même, va causer notre mort tragique à la Congrégation, et surtout à la mission, qui sera peut-être deux mois sans savoir ce que nous sommes devenus !

Nous restâmes ainsi trois quarts d'heure entre la vie et la mort : et certes ce temps nous parut bien long.

Cependant le frère Marcellin était d'un calme admirable, augmenté peut-être par l'ignorance du danger, comme il arrive souvent à ceux qui ont peu navigué. Pour moi qui avais fait le tour de l'Afrique et passé beaucoup de temps sur mer, pendant treize années de mission, j'avais vu bien des tempêtes et couru bien des dangers, mais jamais je ne m'étais trouvé si longtemps à deux doigts de la mort.

Aussi, depuis cette époque, je ne puis lire le récit d'un naufrage sans éprouver une impression, inconnue de tous ceux qui n'ont point passé par de semblables épreuves.

Enfin, celui qui commande aux vents et à la mer

eut pitié de nous. Il nous envoya une petite brise
qui nous permit de gagner le large et de voguer
vers quelques îles assez vastes mais inhabitées.

Pendant tout le parcours, notre horizon fut borné
par de magnifiques montagnes, au pied desquelles
se trouvent des ports de toute beauté, tels que ceux
de Mzizima, Kipombouy et Tanga, où des milliers
de navires pourraient venir chercher les produits si
riches de l'Afrique. A la vue de ces beautés qui ne
servent à personne, on regrette vivement de les
voir perdues pour la civilisation chrétienne.

Notre arrivée à Tanga intrigua beaucoup le chef,
qui cependant nous reçut poliment et en grande
tenue. Comme cette localité est importante et qu'il
a sous lui beaucoup de chefs des environs, il se
présenta à nous armé de pied en cap et portant une
ceinture brodée d'or.

Après avoir pris connaissance des lettres de
recommandation du Sultan, il se rassura. Aussitôt
Mousa s'empressa de lui débiter son morceau
d'éloquence habituel. « Le père, dit-il, vient visiter votre beau pays, non comme un voyageur ordinaire, mais comme un savant de premier ordre ;
il veut surtout connaître tous les végétaux qui peuvent servir à la médecine. »

Là-dessus, il se mit à faire la nomenclature de
toutes les plantes et de tous les arbres, depuis
l'humble hysope, jusqu'au cèdre du Liban.

Au bout de cinq minutes de verbiage, je l'arrêtai,

en lui disant : « Mousa, cela suffit, dis simplement que je viens voir le pays. »

Comme dans une précédente occasion, il me répondit avec un peu de vivacité : «Mais, mon père, laissez-moi donc faire, vous ne connaissez pas assez ces gens-là. Si je ne leur nomme pas chaque chose par son nom, ils auront peur de vous et croiront que vous venez inspecter leur pays, pour vous en emparer. »

Il continua donc ses énumérations, fatigantes pour nous, mais très-intéressantes pour les Africains, qui écoutaient avec l'attention la plus soutenue et la plus respectueuse.

Le sermon botanique de Mousa ne dura pas moins d'un quart d'heure, et ce n'était qu'un exorde. Malgré ma défense, il en vint à raconter l'histoire des guérisons merveilleuses opérées par moi à Pangani. Il le fit d'une manière si détaillée que le frère Marcellin, qui ne comprenait pas encore le Souahili, eut le temps de faire une bonne méditation.

Pour moi j'étais fort contrarié. L'éloquence de Mousa ne pouvait manquer de m'attirer de nombreux clients, et je me voyais presque entièrement dépourvu de médicaments. Noblesse oblige, me disais-je, et ne pas me tenir à la hauteur de ma réputation médicale, sera un échec.

La péroraison de Mousa fut digne du discours. Après l'avoir entendue, le chef, entièrement ras-

suré, nous offrit de l'eau de coco pour nous rafraîchir, et il me dit : « Je suis charmé de vous voir
parmi nous ; vous pourrez, si cela vous fait plaisir,
rester trois mois. Je vais vous faire préparer une
bonne maison, et afin que vous ne soyez pas
troublés dans votre sommeil, je vais défendre aux
danseurs de danser dans le village : ils iront sur le
bord de la mer. »

Ce brave chef, qu'on appelle dans la langue du
pays *Livouali*, me présenta un de ses fils encore
jeune. Cet enfant avait à la main une affreuse plaie,
qui avait déjà carié les os. Elle me parut incurable,
et je dis au père d'envoyer le malade à Zanzibar,
où je lui ferais faire l'amputation de la main.

Ce mot d'amputation l'effraya ; car, selon les coutumes arabes, on doit plutôt mourir que de se laisser couper un membre. La chose en resta-là.

Après avoir fait l'éloge des Français, qui sont
très-aimés sur toute la côte orientale d'Afrique, le
Livouali nous conduisit solennellement vers notre
demeure. Elle était située à côté du grand pavillon
national, devant lequel nous nous assîmes sur des
fauteuils en rotin, préparés à cet effet par son
ordre.

Placés devant le canon rayé, envoyé par le Sultan
de Zanzibar pour tirer aux grandes fêtes arabes,
nous eûmes sous les yeux le plus beau spectacle
que j'aie vu de ma vie.

Devant nous, se développait, d'un côté l'im-

mense port de Tanga, partagé en deux parties
égales par une île verdoyante ; de l'autre, nous
apercevions les belles montagnes, derrière lesquelles
s'élève le mont Blanc africain, le gigantesqne Kilimandjaro.

L'infortuné baron de Decken, qui était un ami si
dévoué de notre mission et que nous regretterons
toujours, me disait à Zanzibar : « Le Kilimandjaro
est couvert de neiges éternelles. Je l'ai gravi avec
l'excellent docteur Kerstein, également votre ami,
jusqu'à une altitude de 4,469 mètres... »

Comme je ne me trouvais qu'à huit jours de
marche de cette merveille de la création, le chef
m'engagea beaucoup à aller la visiter. Je lui fis
comprendre que mon voyage n'avait point, quoi
qu'en eût pu dire Mousa, un but scientifique, mais
purement apostolique.

Pendant que nous étions occupés à admirer les
beautés de la nature, on vint me présenter un
aveugle, endoctriné par Mousa, qui me dit :
« Seigneur, rendez-moi la vue. » Je lui expliquai
l'impossibilité où j'étais de le guérir, le bon Dieu
ne m'ayant pas donné le don des miracles, comme
à saint François-Xavier. « Cela ne fait rien, me
répond-il : si vous voulez, vous pouvez me guérir,
vous avez un remède pour cela. »

Je lui réplique : « Mon ami, comprenez bien que
vos yeux sont morts, et peut-on faire revivre les
morts ? — Certainement vous le pouvez, Mousa

me l'a dit; vous avez pour cela quelque chose dans un petit verre. »

Pour avoir la paix je lui versai dans les yeux un peu d'eau de Cologne, mélangée d'eau naturelle. Le voilà qui s'écrie : « *Namoma, Namoma*, je vois, je vois. »

C'était pure imagination. Cependant le chef, qui crut un moment au miracle, lui dit d'aller à la mosquée remercier le Dieu de Mahomet. En s'en allant, il se heurta contre une maison, ce qui causa une hilarité générale.

Comme le nombre des principaux Arabes, accourus pour nous souhaiter la bienvenue, avait beaucoup augmenté, j'eus l'idée de faire suppléer au manque de chaises par un lit en fer, que le baron de Decken nous avait donné pour faire nos voyages. Ce meuble est excessivement commode, car on peut le réduire à un tout petit volume très-portatif, et en faire tour à tour un lit, une chaise ou un fauteuil.

Je montrai aux assistants les différentes combinaisons, au moyen desquelles on le faisait servir à ces divers usages. Ils en furent émerveillés et s'écrièrent tout d'une voix : « *Mgoungou Agili Thele :* Les blancs ont beaucoup d'esprit. »

Le chef fit aussitôt appeler le *Foundi*, le mécanicien le plus habile du pays. Il resta vingt minutes à étudier le mécanisme et finit par réussir. D'autres essayèrent mais sans autre succès que de provoquer de longs éclats de rire ; ce qui augmenta encore l'idée de l'intelligence des blancs.

CHAPITRE XXII

A peine installés chez nous, on vint de tous côtés demander de la médecine. Comme Tanga est en grande partie livrée aux erreurs sataniques du faux prophète, les plus riches Arabes vinrent me consulter. Pour être juste, il faut dire que ces gens furent envers nous d'une politesse exquise et nous envoyèrent presque tous des cadeaux.

Mais les visites les plus importunes étaient celles des Vadigo. Ces peuples de l'intérieur vinrent du matin au soir exhiber à nos yeux leurs nudités presque complètes. Hommes et femmes portent pour unique vêtement, une ceinture de toile autour des reins ; à leur cou pend un petit chiffon qui est leur talisman universel. Les hommes sont armés de l'arc et des flèches empoisonnéées.

Suivant leur fortune, les femmes ajoutent à leur ceinture une triple rangée de perles blanches et bleues. Une autre rangée de grosses perles blanches et de petites perles rouges, ornent leur cou noir d'ébène. Le bras droit est marqueté de dix-sept excroissances de chair artificielles, et le bras gauche pointillé de trente-deux trous, pratiqués au moyen d'un fer incandescent. La tête est rasée chez les femmes comme chez les hommes, qui vont nu-tête au soleil. Les femmes qui ont été mères conservent une petite touffe de cheveux sur le sommet de la tête, pour les distinguer de celles qui n'ont point eu d'enfants et qui, pour cette raison, iront en enfer, d'après la croyance religieuse du pays.

Les genoux des mères et des autres sont entourés de cordes faites de poil d'éléphant et les pieds cerclés de gros anneaux de cuivre. Au lieu de perles, les femmes pauvres ne portent au cou que des colliers de bois.

Avec les Vadigo nous vîmes venir quelques femmes des Vaséguedou, peuplade en partie mahométane. Outre le costume des Vadigo, elles ont de grosses balafres aux joues et quatre autres rangées de balafres depuis les épaules jusqu'aux reins. Plusieurs bracelets de perles blanches et bleues ornent leurs bras.

Les plus riches ont des couronnes de perles autour de la tête, ce qui leur donne un air théâtral. Elles ont également la tête rasée, avec un grand toupet de cheveux sur le sommet. Cette précaution ne leur assure pas le ciel, mais elle empêche leurs enfants de mourir.

Si l'étrange costume des Vadigo fut pour nous un sujet d'étonnement, le nôtre ne le fut pas moins pour eux. Il se renouvela ici à peu près les mêmes scènes qui avaient eu lieu à Bagamoyo en présence des Nyamouezi : pour eux tout fut merveille.

Nous voir manger avec des cuillers et des fourchettes, leur parut une chose surhumaine. Aussi, du matin au soir, ils se succédaient pour voir notre couleur, notre costume et surtout mes lunettes. Ils s'approchaient tout doucement, et au premier pas que je faisais ils prenaient la fuite. A la fin, ils devinrent si incommodes qu'il fallut les faire partir par force.

Les Vadigo sont un peuple d'enfants paresseux. Nous avons visité un grand nombre de leurs villages, et partout nous avons constaté leur énorme fainéantise. Elle va si loin qu'ils demeurent dans la même chambre que leurs chèvres et leurs autres animaux. Afin de bien voir leurs cases, j'en ai visité plusieurs.

La porte d'entrée est si basse qu'il faut se mettre à genoux pour pénétrer dans l'intérieur, où l'on trouve quelques chèvres attachées aux piquets de la case. Il s'en dégage une odeur de boucs et de chèvres à vous soulever le cœur.

A côté des chèvres, s'élèvent quatre morceaux de bois plantés en terre. Au sommet, sont fixés des bâtons placés horizontalement, et qui se croisent pour plus de solidité. Sur ce cadre, on étend un peu de paille avec une peau de chèvre ; et voilà le lit africain.

J'ai vu de ces cases qui renfermaient toute la famille avec douze ou quinze chèvres, et qui n'avaient pas plus de neuf pieds carrés. Hommes, femmes et enfants étaient littéralement les uns sur les autres. Pour moi, je ne pouvais pas me tenir debout dans ces réduits, tant ils sont bas.

Cette paresse des Vadigo ne se borne pas à la construction de leurs huttes : elle s'étend encore à la culture, pour laquelle ils ne font que le strict nécessaire. Quelques pieds de maïs, joints à l'argent que leur produit la vente de leurs chèvres, suffisent pour les faire vivre dans l'aisance.

Allant à peu près nus, ils n'ont à faire aucune dépense d'habillement. Lorsqu'ils ont soif, ils vont faire une saignée à leurs cocotiers, et en boivent la séve. Frais, ce jus de coco, que j'ai goûté, est bon. Mais eux le boivent généralement fermenté, afin de se mettre en goût pour la danse dont ils raffolent.

Voici comment s'exécutent ces danses, que j'ai vues en passant dans un de leurs villages. Véritables exercices de gymnastique, elles commencent le soir et durent jusqu'au lendemain matin.

Après avoir parqué les chèvres, on annonce la *Goma*, la danse, au son des tambours. A ce bruit tout le monde de battre des mains et d'accourir.

Commence ensuite le chant monotone, que la foule répète en chœur. On se fait des salutations interminables en formant des cercles.

Les cercles formés, un homme, placé dans le milieu, chante un solo que tous répètent. Alors tous les corps se balancent et les pieds se lèvent alternativement. Puis, on s'arrête pour prendre une gorgée de tembo, soit pour réparer les forces perdues, soit pour en acquérir de nouvelles.

Tout à coup les danseurs frappent la terre en battant la mesure, de manière que trois ou quatre cents talons ne forment qu'un seul et même coup. Peu à peu la voix s'élève, les bras s'agitent, les corps se baissent jusqu'à terre et se relèvent rapidement, le mouvement se précipite, les tambours battent à se rompre, et tous font les contorsions les plus grotesques. Ils dansent ainsi jusqu'à la frénésie, jusqu'à tomber par terre de lassitude et ruisselants de sueur.

Ces exercices sont ceux des peuples enfants, et ils n'ont rien qui doive étonner. Mais ce qui m'a surpris au delà de toute expression, c'est un certain sentiment de pudeur, qui porte ces sauvages à danser séparément.

Ainsi, les femmes ne se mêlent jamais aux hommes, dans la crainte de leur entendre prononcer des paroles inconvenantes, que leur arrache parfois cette excitation fébrile. Il y a certainement de quoi donner une leçon aux femmes mondaines des

pays chrétiens, qui sont moins scrupuleuses à cet
égard que les sauvages Vadigo de l'Afrique.

A Zanzibar on vante beaucoup Tanga et ses environs. De plus, des Arabes sérieux et de nos amis
m'avaient dépeint cette contrée comme un des
meilleurs points, pour l'établissement d'une mission. Je me mis donc à étudier ce pays le mieux
possible. Nous visitâmes successivement Nantchani,
Doumi, Mambani, Vanga et Tangatta.

Dans ces localités nous fûmes témoins de spectacles sans pareils. Jamais un homme blanc n'y
avait paru. Aussi à notre approche ce fut un sauve-
qui-peut général. Une terreur panique fit tellement activer les jarrets de ces pauvres noirs,
qu'ils se culbutèrent en tombant les uns sur les
autres.

Dans le nombre étaient des femmes qui portaient sur la tête des cruches d'eau puisée dans les
marais. Culbutées par les jeunes gens, elles cassè-
rent tant de cruches, qu'elles ont dû donner beaucoup de travail aux potiers du pays.

Comme on voit, nous n'avions rien à craindre de
la part de gens, qui avaient une si belle peur de
nous. Arrivés près du village de Nantchani, nous
vîmes tout le monde jeter les hauts cris et se préci-
piter dans les huttes, dont on barricada soigneusement les portes.

Après avoir ri de bon cœur un instant, je voulus savoir les motifs de cette frayeur, et je m'ap-

prochai de quelques cases, où régnait alors le silence le plus absolu.

Les Africains croient généralement que les blancs mangent les noirs. Je commençai donc par dire dans leur langue : « DIONI HAPA RAFIKI, VAZOUNGOU AKOUNA ANAKOULA VATOU : Venez ici, mes amis, les blancs ne mangent pas le monde. »

M'entendant parler leur langue, ils se rassurèrent et vinrent peu à peu me faire la confidence de leur frayeur. Les uns eurent simplement peur, parce qu'ils n'avaient jamais vu de blancs. Les autres croyaient que nous étions le *tchétani*, le diable, puisque chez eux on dit que le diable est blanc ; ceux-ci supposaient que nous venions pour les réduire en esclavage, les vendre ou les manger.

Enfin, les plus peureux affirmaient que nos parasols, nos ânes et nous-mêmes ne faisaient qu'un même personnage ; car il n'y a point d'ânes dans cette contrée. En voyant que nous n'étions pas la même chose que nos montures, et que le tout s'était démonté, ils se rassurèrent, et l'admiration succéda à la frayeur.

Pour marquer leur étonnement ils poussèrent des cris si féroces qu'un de nos ânes, appelé *Malbrough*, partit au triple galop. Jusque-là cet âne avait été d'un caractère si pacifique que les coups de bâton, appliqués par la main la plus vigoureuse, n'avaient pu le décider à courir, ou à rien changer à ses habitudes. Malgré la solidité de mon poignet, je ne pus retenir Malbrough, qui m'emporta, emporté lui-même par la terreur panique, dont étaient saisis les Vaséguédou.

Je dis les Vaséguédou, car, sur cette plage, on rencontre tantôt un village de Vadigo et tantôt un de Vaséguédou. Les derniers sont, en général, mahométans, tandis que les premiers n'ont aucune religion et vivent comme les animaux. Malgré la course précipitée de nos ânes, presque tous les habitants du village nous suivirent de près, pour nous voir plus longtemps. Afin de nous témoigner leur satisfaction et leur stupéfaction, ils continuèrent leurs cris inhumains jusqu'au village voisin, appelé Doumi, dont les habitants prirent la fuite à leur tour.

Ce village est bâti au bord de la mer et fortifié par un double mur d'enceinte, flanqué de tourelles. L'intelligente construction de cette petite forteresse a de quoi étonner l'Européen, qui la rencontre dans un pays si complétement sauvage.

Mambani est également un village fortifié, mais le premier mur d'enceinte est tombé en ruines.

Vanga ne se distingue que par ses belles poteries. Mon admiration leur est d'autant mieux acquise qu'elles sont l'ouvrage de gens barbares. Voici la manière dont se fabriquent les principaux cérames du pays, tels que cruches, assiettes, et marmites en terre cuite.

Les noirs vont chercher dans les marais ou sur le bord des rivières la terre figuline, qu'ils pétrissent avec de l'eau. De cette pâte ils dégagent les parties pierreuses et sablonneuses, en la roulant sur un morceau de bois. Alors ils se mettent à modeler les vases, qu'ils commencent toujours par l'orifice. Après leur avoir donné la forme, ils les exposent au soleil pour les faire sécher ; puis, ils les retouchent en y traçant différents ornements, des oiseaux, des lions ou des figures indéchiffrables.

Enfin, on cuit ces vases à un feu d'herbes sèches. Un bon ouvrier peut en faire quatre par jour. Comme il les vend chacun deux sous, il pourrait s'enrichir, puisqu'il ne lui faut que deux sous pour son entretien journalier. Mais, en vrai nègre, il ne travaille que lorsqu'il n'a plus rien à manger.

CHAPITRE XXIII

A Tangatta, nous avons trouvé les ruines d'une
ancienne ville persane. Ces ruines me rappelaient
celles de nos vieux châteaux d'Alsace. Afin de visiter ces antiquités, célèbres pour le pays, il a fallu
suivre des sentiers qui ne sont guère fréquentés
que par les gazelles.

Dans les temps reculés, une partie de la ville fut
engloutie par la mer. Il ne reste plus aujourd'hui
que les ruines majestueuses de tombeaux bien conservés, et surmontés de pyramides de pierre de
taille de quinze mètres de hauteur. Partout on
rencontre de vastes chapelles funéraires, avec des
inscriptions en langue persane.

Au milieu de maisons, qui ont dû être grandio-
ses, on voit une mosquée bien conservée et qui
avait cent pieds de largeur, sur trois cents de longueur. Les huit nefs, qu'on distingue parfaitement,
témoignent que c'était une mosquée cathédrale.

Jusque sur les plages inconnues de l'Afrique orientale, cette mosquée et ces tombeaux attestent la foi permanente du genre humain au surnaturel et à l'immortalité de l'âme.

Près de la mosquée se trouvent aujourd'hui, au pied d'énormes baobabs, de petites cases de fétiches (péponi), où l'on offre au démon du vieux linge, des vases de terre et des grains.

Le baobab est aux plantes, ce que l'éléphant est aux animaux. Arbre étrange, d'une dimension prodigieuse, ce colosse du règne végétal est souvent la demeure de plusieurs familles de noirs. Nous en avons vu un que le frère Marcellin a mesuré. Il a trente pieds de circonférence, et paraît n'être pas encore arrivé à son entier développement.

Son tronc conique est appuyé sur de larges racines mises à nu par l'action des eaux. De ce cône informe s'étendent des branches gigantesques qui, inclinées vers la terre par leur pesanteur, ont de loin l'apparence d'une vaste coupole.

Dans certaines contrées, on emploie l'écorce de ce végétal pour tisser une espèce d'étoffe, unique vêtement des habitants. Non loin de là nous attendaient de petites aventures. Nous avions à traverser des marais qui nous paraissaient desséchés; et nous nous y engageâmes sans crainte. Malheureusement la couche supérieure ne se trouva pas assez solide, et nos ânes s'embourbèrent jusqu'à cinq fois dans la même journée.

De là, pour nous, l'agrément d'une descente précipitée dans la vase. Ce fut encore par la queue qu'il fallut dégager ces pauvres animaux, sans quoi ils seraient restés sur place. En général, les aventures ne manquent pas dans ces pays abandonnés, malgré la prudence dont on peut être pourvu. En voici un nouvel exemple.

Nous ne savions pas que ce pays était infesté de tigres et d'autres animaux féroces. Sans nous douter du danger, nous laissions, pendant la nuit, la porte de notre case ouverte pour avoir un peu d'air. Conformément à l'usage du pays, notre petit palais en chaume n'avait pas de fenêtre. Sans la précaution dont je parle, on est sûr de ne pas fermer l'œil de la nuit, dans ces régions brûlantes de l'Afrique.

Tout à coup je suis réveillé en sursaut par un cri aigu. C'était un tigre qui s'était permis de venir se coucher sur le frère Marcellin et de lui flairer le visage, sans doute pour voir s'il était bon à croquer.

Se sentant attaqué, le frère s'empresse de faire passer une pareille tentation au féroce animal. De toute la force de son bras, il lui applique quelques coups de bâton. Cette réception, à laquelle le tigre ne s'attendait pas, lui arrache le cri qui me réveille.

Moi-même n'ayant absolument rien sous la main pour me défendre, je me retranchai prudemment

derrière le principe de non-intervention, lorsque
je vis le tigre, converti par ses arguments sensibles
du frère, passer silencieux devant moi et devant
la lampe qui éclairait notre case, pour aller chercher fortune ailleurs.

Toutefois, il n'a pas dû mourir de faim ; car,
avant de s'en prendre à mon compagnon de voyage,
il avait eu la précaution d'avaler les deux livres de
mouton, qui devaient servir à notre nourriture du
lendemain.

Le bras vigoureux du frère Marcellin avait laissé
de si bons souvenirs au vilain animal, que les
nuits suivantes il nous dispensa complétement de
nouvelles surprises. On comprend que nous nous
étions préparés tous deux à une défense respectable.

J'avais vu les habitants renfermer le soir leurs
chèvres, leurs poules et d'autres animaux. Je
croyais que c'était par précaution contre les voleurs.
Le chef m'expliqua plus tard que c'était contre
les tigres.

Après cette aventure vint celle de Séga, qui
n'est pas la moins intéressante. Nous avions longuement visité le pays des Vadigo, dont la population est si indifférente qu'elle n'a même pas
embrassé la facile religion du faux prophète. Pour
obtenir les renseignements qui me manquaient, il
nous restait à parcourir quelques villages des Vaséguédou.

12.

Je ne parlerai que du village de Séga. Ce curieux manoir est fortifié par la nature, grâce à une profonde rivière et par une ceinture de rochers à pic, entre lesquels il n'y a qu'un petit vide, qui sert de passage et dont l'entrée est une estacade.

Près de la porte se tenait debout un homme de haute stature : c'était le chef de la forteresse. Armé d'un bâton noueux de huit pieds de long, il se dresse d'une manière solennelle et nous dit : « Arrê- « tez : vous n'entrerez pas à Séga. » Je m'étais placé sous un arbre pour me garantir des rayons brûlants du soleil, et je me trouvais sur le terrain de sa tribu.

« Sortez de là, me dit-il d'un ton impératif et peu convenable ; venez ici, vous êtes là sur le terrain de notre pays ; voici la limite qui sépare la terre des Vadigo de celle des Vaséguédou. Vous n'irez pas à Séga ; puisque du moment où un blanc mettrait le pied chez nous, la sécheresse brûlerait nos récoltes et l'épidémie tuerait nos hommes et nos chèvres. »

Cette crainte des blancs est universelle parmi les nègres, et je me demande si elle n'est pas inspirée par le démon, afin d'empêcher les pauvres noirs de recevoir la lumière de l'Évangile, dont les blancs sont les apôtres.

Quoi qu'il en soit, comme je ne bougeais pas, le chef me répéta d'un ton insolent et en me montrant son bâton : « Sortez de là ; vous n'irez pas à Séga. »

Pour lui montrer que je n'avais pas peur, je fis quelques pas en avant du côté de son village, en lui disant : « Sache que tu parles à un blanc. Tu ne me délogeras pas d'ici, et si tu continues à être insolent, je pourrais te prendre ton bâton et t'en faire goûter les douceurs. »

Ces paroles bien accentuées l'étonnèrent. Il garda un instant le silence et, pendant qu'il réfléchissait, j'ajoutai : « Si tu m'empêches par la force de pénétrer dans ton village, tu auras affaire à Saïd-Meggid, Sultan de Zanzibar, dont je suis l'ami. »

A ces mots, il me demande si j'ai des lettres de recommandation de Son Altesse. J'en avais bien ; mais je les avais laissées à Tanga. Or, il s'agissait d'en exhiber immédiatement.

Comment faire ? je ne voulais pas dire oui, c'eût été offenser la vérité. Je ne voulais pas dire non, c'eût été compromettre ma négociation. Il me vint alors une idée lumineuse, que je m'empressai de mettre en pratique.

Jugeant d'après sa mine que le siècle des lumières n'avait rien de commun avec son génie, je prends mon Bréviaire, j'en tire l'*Ordo* latin que je lui présente en disant : « *Mona houjou,* vois cela. »

Il regarde attentivement, en tourne les feuillets, il n'y voit que de l'hébreu. Enfin, il arrive à la dernière page et trouve le nom de notre révérend Père général, imprimé en grosses lettres.

Croyant voir la signature du Sultan, il incline respectueusement la tête et me dit : « Que voulez-vous que je fasse ? Si le Sultan de Zanzibar le veut ainsi, entrez, Monsieur : *pita boana.* »

Jamais blanc n'y avait pénétré, aussi, à notre approche, on prit la fuite. Lorsque la première terreur fut passée, on vint nous offrir des œufs en cadeau et des kittandas, bois de lit du pays pour servir de chaises.

Afin de donner une leçon au chef qui nous avait si mal reçus, je refusai toutes ces politesses. La population en fut visiblement peinée.

Aussi deux des principaux habitants furent délégués pour nous présenter des excuses et nous servir d'escorte. Dans le but de me faire oublier les fautes de leur chef, ils me dirent plusieurs fois : « *Livouali jétou mginga :* notre chef est bête. »

Je me gardai bien de les détromper : car sur ce point nous étions parfaitement d'accord. « Que voulez-vous ? ajoutèrent-ils, il est bête, car il n'a jamais vu de blancs. Quant à nous, nous avons vu des blancs, puisque nous avons été à Agoudia et à Zanzibar. »

A tout moment ces braves gens me demandaient si j'étais satisfait de leurs excuses. « Oui, leur répondis-je, je suis maintenant satisfait. Vous, vous êtes de braves gens ; mais votre chef est un imbécile. Dites-le-lui de ma part, et surtout qu'il sache que je n'ai pas peur de lui. » Puis, je répétais :

jétou Ouéoué gêma, Livouali mginga : vous, vous
êtes bons ; mais votre chef est bête. »

Telles furent les dernières paroles du touchant
adieu, qui nous sépara bons amis. Je n'étais pas
encore de retour à Zanzibar, que déjà à Bagamoyo
on connaissait cette aventure dont on s'amusa
beaucoup, au détriment du pauvre chef de Séga.

Comme je l'ai dit plus haut, le mahométisme
règne généralement chez les Vaséguédou. Dans les
derniers villages de cette tribu, bâtis sur le littoral
de la mer, on trouve même des écoles où l'on en-
seigne le Coran aux petits enfants.

Mais là où l'islamisme est le plus florissant, c'est
à Tanga, qui est plutôt une ville qu'un village
arabe. Je crois utile de tracer ici le curieux tableau
de la vie d'un Arabe de la côte orientale d'Afrique.
Il pourra servir à nos pères, nos futurs successeurs,
et aux hommes qui, en Europe, s'occupent d'eth-
nographie.

En 1828, l'Iman de Mascate enleva ces contrées
à la domination portugaise. Peu de temps après, les
Arabes de Mascate vinrent s'établir dans ce pays,
dont ils forment la classe dominante et aristocra-
tique. A leur organisation en tribus, ils doivent
leur influence et la considération dont ils jouissent.
La plupart ont conservé le type primitif de leur
race et la couleur presque blanche de la peau.

En Europe, on comprendra difficilement la mo-
notonie de l'existence de ces Arabes et leur non-

chalance. Pour nous, qui connaissons l'influence abrutissante du sensualisme musulman, nous en sommes affligés, mais non surpris. Voici la description de la journée de cet être fainéant.

Le matin, à quatre ou cinq heures, il fait scrupuleusement les ablutions et la prière, à côté des cabinets. Ensuite, s'il est riche, il se rend au Barza, qui est une varangue ou une chambre située à l'entrée de la maison. Là, ses parents pauvres et ses amis viennent lui faire la cour.

Les esclaves y portent des bassins pour le lavement des mains et un plateau chargé de *haloua*, pour le repas du matin.

Le haloua est un mets détestable pour l'Européen. On le fait avec de la farine, du sucre et du beurre. L'Arabe pauvre va manger chez son parent ou chez son protecteur.

Après le haloua on sert le café et on fait la conversation jusqu'à neuf heures. A ce moment, l'Arabe se rend chez le chef, avec qui il reste une heure sans rien dire, à moins que le chef ne lui adresse la parole. De là, il passe chez les Banians ou chez les Indiens, pour vendre la récolte qui est encore sur pied.

A midi, il rentre à sa maison ou va à la mosquée pour faire sa prière, après laquelle il prend son repas avec les mêmes personnes que le matin. Le repas fini, il se couche pendant une heure. A trois heures, il fait la prière appelée *allassiri*. Elle est suivie d'une conversation ou d'une méditation solitaire, jusqu'au coucher du soleil.

En ce moment, il fait une nouvelle prière, suivie d'une nouvelle conversation au Barza, jusqu'à sept heures, où il prend son repas du soir. Ce repas fini, il se retire et se couche.

Telle est la journée de l'Arabe dans l'Afrique orientale. Qui a vu un Arabe, les a vus tous, car leurs usages sont invariables. Sauf quelques rares exceptions, ces Arabes sont d'une ignorance et d'une paresse à exclure même tout genre de distraction, si ce n'est quelques réunions nocturnes, appelées *molidis*.

Voulez-vous avoir une idée de ces réunions ? Figurez-vous une chambre mal éclairée, où ces Arabes sont accroupis. Là, ils chantent sur un ton criard et faux, s'interrompant de temps en temps, pour raconter des légendes plus ou moins absurdes sur la naissance de Mahomet.

A tout moment, on leur sert du café, de l'eau sucrée et des sorbets. De temps en temps, on les asperge d'eau de rose, et on les fumigue avec les bois de benjoin et d'aloès.

Depuis quelque temps ces réunions sont moins fréquentées, attendu que les jeunes gens s'assemblent dans des lieux clandestins pour se livrer à l'ivrognerie. N'ayant pas, généralement, le moyen d'acheter des boissons d'Europe, ils absorbent d'énormes quantités d'eau de coco fermentée, appe-

lée *tembo mkali*. C'est une liqueur affreuse qui
met le buveur dans un état d'ivresse furieuse et
hébétée.

Une pareille habitude, jointe à l'indolence générale, source de mille désordres, fait vivement
regretter que l'Arabe, naturellement religieux, ne
soit pas chrétien. Dans sa foi il puiserait la force
de vaincre ses passions, et deviendrait une des races
les plus énergiques de la terre.

Je passe à d'autres détails. L'Européen ne
pourrait pas plus se faire à la table de l'Arabe, qu'à
son genre de vie. Viandes assaisonnées de beurre
très-rance et mets sucrés, fortement épicés, composent les grands repas.

Il me souvient encore du déjeuner que je pris
un jour chez le gouverneur de Zanzibar, en compagnie de plusieurs Européens. Tous nous avons
été malades d'indigestion. Pour boisson, l'Arabe se
sert d'eau fumigée d'encens et mélangée de divers
sirops.

Plus l'Arabe est riche, plus sa maison est mal-
propre. Cela provient du grand nombre d'esclaves
qui restent chez lui et qui, mâchant le bétel, cra-
chent contre les murs sur lesquels ils essuient également leurs mains. On balaye bien rarement la
maison, et on ne la blanchit qu'une fois pendant
la vie du propriétaire.

L'Arabe n'a aucune idée de l'esthétique. Il
aime le style ampoulé et boursouflé, les couleurs

vives et tranchantes et les odeurs vertigineuses. Montrez-lui la plus belle fleur du monde, il vous demandera si cela donne un fruit bon à manger ou à vendre ; car le Dieu Mammon est loin de lui être inconnu.

L'Arabe observe scrupuleusement certaines règles d'étiquette, dont la moindre infraction le blesse. Ainsi, ce serait une grande offense de présenter à quelqu'un la main gauche, à cause de l'usage qu'ils en font dans leurs ablutions. Ce serait également une insulte de lui présenter la main, sans ôter le gant.

L'Arabe est généralement grave et solennel. Il ne plaisante jamais et n'aime pas la plaisanterie. Il est très-discret, n'admire rien, ne s'étonne de rien. Il aime à faire des cadeaux et à en recevoir. Il ne regarde pas comme un déshonneur d'accepter en cadeau, de l'argent et même d'en demander.

———

CHAPITRE XXIV

L'Arabe dans ses rapports sociaux. — Conversation du missionnaire avec un vieil Arabe. — Détails intéressants sur la
tribu des Masaï. — Leur personne et leur costume. — Leur
férocité. — Mariage. — Esclavage de la femme. — Déformation. — Superstition. — Religion.

Dans les rapports sociaux, les Arabes de ces contrées, du moins ceux qui appartiennent à de bonnes familles, sont très-polis à l'égard des étrangers.
Bien vêtus, ils ont un air tellement distingué qu'il
étonne l'Européen lui-même. Je citerai comme
exemple un Arabe de Tanga, avec qui je fus vraiment heureux de faire connaissance.

C'est un vieillard respectable, regardé par les
Arabes comme un saint de leur religion musulmane. Il a refusé par modestie d'être grand chef
de tous les environs. Comme on m'avait fait l'éloge
de cet homme, qui est certainement dans la bonne
foi, j'allai lui faire une visite. Je n'eus certes pas
lieu de m'en repentir, car il me fournit d'excel-
lents renseignements sur des contrées jusqu'ici
inexplorées par les voyageurs.

Très-flatté de ma visite, il me dit : « A la bonne
heure ; vous, au moins, allez visiter les gens du

pays. Nous avions ici, il y a deux ou trois ans, un missionnaire d'une autre religion que la vôtre [1], et qui n'allait voir personne. Il ne sortait jamais et s'enfermait dans sa case, crainte d'être assassiné. »

Je lui répondis: « Pour moi je n'ai nullement peur des gens du pays, qui me paraissent très-bons ; et je tiens à tout voir, afin de bien connaître ces parages qui n'ont rien de commun avec Oulaya (l'Europe).

« — Connaissez-vous bien le pays à présent ? — Oui, pour ce que j'en ai vu. — Mais vous n'avez pas tout vu. Vous n'avez pas vu le pays des Masaï et celui de leurs voisins. Ces pays cependant sont bien curieux, et même peu d'Arabes les ont visités. »

Là-dessus, il me parla longuement et très-exactement des peuplades que je connaissais. Son discours m'inspira confiance, et je lui dis : « Mon ami, vous m'étonnez par vos connaissances ; car ce que vous me racontez est entièrement conforme aux récits des voyageurs, dans les livres qu'ils ont publiés. »

Ces paroles le flattèrent et, saisissant de la main sa barbe blanche, il la tira lentement sur le milieu de sa poitrine, sans rien dire. Chez les Arabes, c'est la manière de vous dire: Voyez, je ne suis pas un

---

[1] C'était un évangéliste protestant.

enfant ; je suis vieux, j'ai la barbe blanche, ce qui prouve de l'expérience.

Il s'offrit donc à me donner toutes sortes de renseignements sur des pays, inexplorés par des voyageurs, et particulièrement sur celui des Masaï, qu'il a souvent parcouru pour faire le commerce de l'ivoire. Dans cette contrée, les dents d'éléphants sont si communes, qu'on les emploie à décorer les tombes et à faire les palissades des villages.

Comme vous pensez bien, j'acceptai avec le plus grand empressement les offres du bon vieillard, et le lendemain, à l'heure convenue, je fus chez lui.

Afin de rendre ses renseignements plus intéressants, il avait eu l'attention de faire venir un Masaï et deux femmes de la même tribu, qui habitent le même village que lui. J'étais accompagné du frère Marcellin.

A notre arrivée les deux femmes, qui avaient un air martial bien prononcé, nous tendent la main. Croyant cet échange de politesse inutile, je refuse d'abord l'échange qu'on me demandait.

Véritable virago, chaque hommasse me dit : « *Tété moukoné :* donnez-moi la main. » Je réponds : « *Sitaki,* je ne veux pas. »

Enfin, elles parlementent, insistent, et au moment que j'y pense le moins, elles me saisissent avec violence la main, qu'elles secouent à la manière anglaise.

Elles me dirent alors : « Monsieur, chez nous,

c'est l'usage que les femmes donnent la main aux étrangers. Tant que nous n'aurions pas touché votre main, nous n'aurions pas pu nous entretenir avec vous. »

Je répondis : « *Marhaba,* c'est bien. »

Je n'ai jamais vu de femmes ayant quelque chose de plus martial et de plus décidé que ces femmes Masaï, auxquelles, d'après le dire de l'Arabe, toutes les autres ressemblent parfaitement. Ces créatures ont le teint jaunâtre, qui indique un mélange de races, depuis bien des générations.

Il y a quelques siècles, en effet, les Éthiopiens se sont battus d'abord à Brava, dans le pays des Soumalis, avec les Arabes. Plus tard, ils ont été aux prises avec les Arabes et les Portugais, à Mombas, autrefois appelé Omvita. On sait que s'étant emparés de certaines contrées, ils y ont laissé des soldats pour maintenir leur conquête. Ce fait explique naturellement le mélange des races et la couleur des Masaï, qui conservent peu de chose du type nègre.

Après avoir conversé quelque temps avec ces femmes, qui connaissaient moins bien leur pays que notre brave Arabe, je les congédiai pour m'entretenir avec le Masaï qui portait le costume de son pays.

Voici en quoi il consiste. La tête est couverte d'un plumet très-large. Les épaules et les pieds sont ornés de peaux de zèbre, et les reins entourés d'une peau de chèvre.

A la main gauche, ce guerrier portait un énorme bouclier de peau de buffle, et à la main droite une lance de sept pieds de haut. Il tenait, en outre, de la main droite, comme tous ceux qui ont remporté une victoire, un bâton de huit pieds de hauteur. Ce bâton de maréchal est orné de poils de chèvre et de grosses plumes d'oiseaux.

Ce costume, qui a vraiment un caractère guerrier, ne manque pas d'une certaine élégance. A voir cet uniforme sauvage, on comprend de suite que les Masaï sont des peuplades essentiellement belliqueuses.

En effet, comme elles sont nomades, la guerre est une condition de leur existence. Bien plus féroces que les Soumalis, ces barbares, qui foulent le sol sans s'y attacher, suivent leurs troupeaux, dont ils tirent leur nourriture et leur boisson. Veulent-ils étancher leur soif ? ils font à leurs bœufs une incision, où ils boivent le sang, comme de véritables sangsues.

Après avoir bu largement, ils lient la plaie, afin d'empêcher la perte du sang. Ils boivent aussi le lait de leurs vaches ; mais pour lui donner plus de goût et de sucs nutritifs, ils le mélangent avec le sang de bœuf. Un pareil régime n'est pas fait pour leur former des mœurs douces et polies.

Le vieil Arabe me dit que les plus riches des Masaï et surtout les chefs faisaient fabriquer du vin de plantain, qu'en botanique on appelle, je

crois, *figuier d'Adam*. Cette plante médicinale et
fébrifuge est également employée dans les ophthal-
mies, et, comme cataplasme, dans les enflures et
les tumeurs humérales. Son écorce sert à la con-
fection d'étoffes, que portent les femmes et les chefs
du pays.

D'après mon vieillard, qui semble avoir certaines
notions géographiques un peu confuses, le Masaï
est situé à l'ouest de Jagga et peu éloigné du lac
Tanganyika, qui, selon lui, a deux cents lieues de
circonférence.

Cette contrée se compose de vastes plateaux,
qui, s'élevant insensiblement vers l'intérieur du
continent, sont coupés de distance en distance par
de petites chaînes de montagnes, isolées les unes
des autres.

Comme le pays des Masaï est très-grand, il est
habité par différentes tribus, dont les usages et les
mœurs varient plus ou moins. Je signale cette circonstance, pour ne pas paraître quelquefois me
contredire.

Chez les Masaï, comme chez les autres peuples
de l'Afrique, le mariage n'est pas une union solennelle et permanente. C'est une promiscuité bru-
tale. Les chefs ont le droit de revendiquer les jeunes filles à titre de tribut, et eux-mêmes pourvoient
leurs serviteurs de femmes, faites captives dans les
guerres.

Les femmes qui se conduisent mal sont vendues

comme esclaves, ou flagellées, ou passent du rang
d'épouses à celui de servantes. Les pères ont le
droit de vendre leurs enfants, selon leur gré.

Les chefs des Masevé et des Masava, toutes
deux tribus Masaï, se font servir par des femmes
sans aucun vêtement, et qui remplissent les fonctions de valets de chambre. Si une d'elles fait mal
son service, on la condamne à mort de la manière
suivante. On commence par lui couper un doigt ;
un autre, le lendemain et ainsi des autres membres,
es uns après les autres, jusqu'à ce qu'elle succombe à la douleur.

C'est ainsi que ces buveurs de sang de bœufs
pratiquent l'humanité à l'égard de pauvres créatures, coupables de fautes bien légères.

L'usage observé par le capitaine Speke, chez
d'autres peuplades africaines, relativement aux
princesses, parait exister également chez les grands
chefs Masaï. Afin de rendre leurs femmes dignes de
leur rang, on commence dès le plus bas âge à les
gorger de lait, jusqu'à ce que ne pouvant plus, à
cause de leur obésité, se tenir debout, elles marchent à la manière des quadrupèdes.

Les deux femmes Masaï dont j'ai parlé plus
haut prétendent avoir vu la femme d'un chef qui,
d'après les dimensions indiquées par elles, devait
avoir des bras de deux pieds de tour et des mol-
lets de trois pieds. Suivant elles, le buste aurait eu
quatre pieds et demi de circonférence.

Comparés à ceux que donne le capitaine Speke, témoin oculaire et très-véridique, ces détails, si extraordinaires qu'ils paraissent, n'ont rien d'exagéré.

A cause de leur origine semi-abyssinienne, les Masaï ont les cheveux droits et non crépus, comme les nègres pur sang. Les Arabes ne les aiment pas, parce que les Masaï disent qu'ils sont blancs comme eux, et pour cette raison ils se soumettent difficilement à l'esclavage.

Aussi nous achetons sur le marché de Zanzibar, à meilleur compte les enfants Masaï. Vingt-cinq francs un garçon, quarante francs une fille ; tandis que des enfants de race noire comme le jais, nous coûteraient bien plus cher, toutes choses égales d'ailleurs. Jusqu'ici nous avons lieu d'être satisfaits de ces enfants à peau rougeâtre.

Les Masaï sont très-superstitieux, je n'en donnerai qu'une preuve. Lorsqu'il y a une éclipse de lune, tout le monde se réunit en criant et frappant sur des objets sonores, pour faire peur au soleil et l'empêcher de dévorer l'astre des nuits. Du reste cette crainte est commune à tous les Africains.

A Zanzibar même, qui est déjà un peu civilisé, j'ai été souvent réveillé la nuit par des cris affreux. « *Nenda nyoka, nenda joua, akouna koula mouézi :* Va-t'en, serpent, va-t'en, soleil, ne mange pas la lune. » Les uns croient que c'est un serpent, les autres le soleil qui va manger la lune.

Comme on voit, nulle part le serpent n'a perdu la mauvaise réputation qu'il s'est faite, dès le commencement du monde.

Au vacarme qu'on faisait pour effrayer les mangeurs de la lune, j'aurais cru à une révolution dans un pays moins paisible que Zanzibar. Tous les noirs étaient sur pied. Chacun était armé d'une vieille marmite, d'une casserole, d'un fer-blanc, d'un bidon ou d'autres objets sonores, sur lesquels on frappait à tout casser, en poussant des hurlements inhumains.

Comme jusqu'ici ils ont toujours réussi à battre à plate couture le serpent et le soleil, les noirs rentrent tout triomphants chez eux après l'éclipse de la lune, fiers d'avoir fait un vacarme si utile.

La religion des Masaï consiste à apaiser au moyen d'un tribut la haine d'esprits malfaisants, afin de détourner du pays les fléaux et d'obtenir aux moissons leur fécondité naturelle. Ils n'ont pas une idée nette de Dieu et de la vie future.

Cependant ils immolent tous les ans une vache devant le tombeau de leurs pères, pour obtenir de bonnes récoltes. Quoique sachant très-bien que les montagnes ne mangent pas, ils placent devant des vivres en forme de sacrifices.

Les prodiges de la création les étonnent, comme il arrive à tous les indigènes, et ils comprennent bien que ces merveilles ne se sont pas faites d'elles-mêmes, tant l'idée de l'athéisme, inventée par les philosophes modernes, est contraire à la croyance naturelle de l'homme et même du sauvage.

CHAPITRE XXV

Discipline militaire des Masaï. — Punition des lâches. — Récompense de braves. — Vente et achat des femmes. — Garde
nationale sur les frontières. — Costume. — Productions. —
Mœurs. — L'homme à queue. — Sorciers.

Peuple guerrier, les Masaï sont très-courageux,
tant que leurs idées superstitieuses ne sont pas en
jeu. Mais dès qu'ils entendent l'aboiement d'un renard, les troupes rangées en bataille battent en retraite.

Le capitaine Speke a trouvé la même superstition
dans le royaume de Karagué, dont le roi lui disait : « Lorsque je conduis mes troupes au combat,
si j'entendais l'aboiement d'un renard, je battrais
immédiatement en retraite, pareil pronostic me
présageant une défaite [1]. »

Le chant des oiseaux et le cri d'autres animaux
produisent le même effet, et empêchent les guerriers
de commencer la mêlée. Ces superstitions en usage
chez les peuples de l'antiquité, montrent que le démon ne vieillit pas.

En dehors de ces cas de superstition, tout guerrier qui se montre lâche est coupé en morceaux,

[1] *Tour du monde*, n. 227, p. 327.

pour l'amusement de ses compagnons d'armes et aussi pour leur servir de leçon. En expiation des fautes légères contre la discipline, les coupables sont marqués au front d'un fer rouge. Quant aux guerriers qui se sont le plus distingués, ils montent à cheval sur des autruches, pour rentrer dans leurs foyers.

Comme récompense, les chefs leur donnent des femmes, à qui on a arraché dès l'âge le plus tendre plusieurs dents, entre autres six incisives inférieures. Une femme qui n'aurait pas la mâchoire ainsi abîmée, ne serait pas digne de boire dans la coupe, en paille tressée, d'un Masaï vainqueur.

Comme leurs voisins, les Masaï peuvent vendre leurs enfants pour se procurer des armes et des instruments de destruction.

Ces peuples sont strictement pasteurs. Leur richesse consiste en des myriades de vaches, qu'ils font paître au pied de leurs montagnes, abondantes en sources d'eaux thermales. Cette grande quantité de vaches est la monnaie du pays. Ainsi les crimes sont punis d'amendes, qu'on paie avec des vaches.

Les mariages étant de purs contrats de vente, des vaches sont données en échange de la fille. Pour prix de sa marchandise, son père reçoit, selon les conventions, un nombre déterminé d'esclaves, de vaches et de moutons.

Mais comme on n'a pas demandé à la pauvre femme son consentement de mariage, elle peut re-

couvrer sa liberté, en restituant à son mari l'équi-
valent de ce que celui-ci avait donné à son père.

Dès qu'elle est devenue mère, on lui arrache les
incisives des deux parties de la mâchoire, et on
pratique un grand nombre de trous sur la lèvre supérieure. Je suppose qu'on lui fait subir ces opéra-
tions, pour l'empêcher de mordre son enfant.

Les Masaï, quoique féroces, ne sont pas, que je
sache, une peuplade anthropophage. A aucun prix,
ils ne veulent laisser les étrangers pénétrer chez
eux. Dans ce but, ils entretiennent sur leurs frontières une sorte de garde nationale habillée de rouge.
Comprenez par là que les noirs qui la composent se
barbouillent le corps tout entier d'argile rouge.

Afin de se rendre redoutables et comme invul-
nérables, ils se font des trous dans les lèvres et les
lobes des oreilles, où ils introduisent de gros anneaux de cuivre.

Les chefs de ces étranges militaires, portent des
manteaux d'écorce d'arbre ou de peaux d'antilope.
En guise de coiffure, ils se couvrent la tête de dé-
fenses de sangliers, reliées entre elles avec des tissus. Sur leurs bras sont attachées de petites cornes
d'animaux, garnies de poudre magique.

Le pays des Masaï contient du fer et du cuivre.
Il serait très-fertile, si on voulait se donner la peine
de le cultiver. Le vieillard qui m'a fourni ces divers
renseignements, m'a dit que dans cette contrée, à
peine éloignée d'un mois de marche, du village où

il demeure, le café, la canne à sucre, l'aloès, les dattes, le coton et l'indigo venaient spontanément.

De plus, les voyageurs qui ont passé tout près de ces parages, prétendent que rien dans l'Inde ou à Zanzibar ne saurait être comparé à la richesse naturelle de ces contrées. On y trouve des restes de grands chemins, qui ont été détruits par l'action des eaux et l'envahissement des broussailles. Ils sont les preuves d'une ancienne civilisation, introduite sans doute par les Abyssiniens.

Cette civilisation paraît avoir été chrétienne ; car, dans les différentes parties du Masaï, on rencontre encore des huttes bâties en forme de chapelles et qui servent à offrir des sacrifices expiatoires aux mauvais esprits. Il en résulterait, suivant la remarque du comte de Maistre, que les sauvages et les barbares ne sont pas des peuples primitifs, mais des peuples dégradés.

Comme tous les peuples nomades, le Masaï méprise l'agriculture et les maisons. Errant d'un lieu à un autre, il campe sous les arbres, suivi de ses troupeaux qui lui servent de nourriture.

Des mœurs guerrières forment le caractère dominant des Masaï. On les y habitue dès l'enfance. Ainsi, lorsqu'ils sont en campagne, ils se font suivre de leurs femmes et de leurs enfants, qui portent les armes de rechange, des vivres, avec l'inévitable provision de lait et de sang de bœuf.

Dans certaines tribus les femmes prennent di-

rectement part au combat. Elles portent deux
courtes lances ; une est pour la main droite, l'autre
pour la main gauche, protégée par un large bouclier.

D'après les deux échantillons que j'ai vus à Tanga,
j'estime que ces créatures doivent être d'une bravoure extraordinaire ; car elles avaient une mine à
faire peur.

En campagne, les femmes n'ont pour vêtement
qu'une ceinture de peau. Le tambour frappé avec
de grosses baguettes, résonne durant toute la mêlée.
S'il venait à se taire tous prendraient la fuite, tant
ils sont habitués à ne combattre qu'au bruit de cet
instrument.

Pendant la guerre, le général en chef se nourrit
exclusivement de laitage et de viande de chien :
c'est une condition de la victoire. L'a-t-il obtenue
avec un certain éclat ? Les guerriers exécutent devant lui, en rentrant dans leurs campements, des
danses analogues à celles des ours.

Ils pirouettent sur leurs talons, et forment un
concert de beuglements, de cris sauvages, de
chants monotones et criards, accompagnés du son
des tambours et des cornets en bois, dont se compose tout l'orchestre indigène.

Certaines tribus, les plus courageuses du pays,
font la guerre d'une manière toute différente. Mé-
prisant la javeline et les flèches, elles se battent de
près, corps à corps, et en quelque sorte à l'arme
blanche.

Au dire des Arabes, leurs soldats imitent grossièrement les manœuvres des armées civilisées.
Ils marchent au nombre de plusieurs mille, sur
trois ou quatre rangs, afin d'envelopper l'ennemi.
Véritable zouaves de l'Afrique, les Masaï de certaines tribus ne se débandent jamais. Même dans
un échec, ils savent battre en retraite avec ordre.

Chose singulière! chez eux, pas de cris de guerre,
pas de tambours, pas de tumulte pendant le combat. Les ordres sont transmis au moyen de grands
sifflets en fer ; et on observe le silence en se battant avec sang-froid.

C'est ce calme qui les rend invincibles. Pendant
la bataille, le commandant en chef se tient à distance et se contente de donner les ordres de loin.

Après la lutte, les Masaï ne s'occupent ni des
blessés ni des morts. Pour de tels guerriers descendre à de pareilles bagatelles, serait une action
par trop efféminée.

Du reste, celui qui a pendant quelque temps habité l'Afrique verra à l'inspection d'un Masaï ce
qu'il est. J'ai toujours remarqué que les peuplades
africaines de nuance claire, comme les Soumalis
et les Masaï, sont en général plus violentes et plus
braves à la guerre, que les indigènes d'une teinte
complétement noire.

Rien n'est singulier comme la manière de saluer
des Masaï. Lorsque le chef paraît au milieu de ses

sujets, il est accueilli par plusieurs battements de mains. Les femmes entre elles se saluent par une génuflexion.

Les hommes, au contraire, se saisissent par les bras, et se les frottent l'un à l'autre, en demandant des nouvelles de leur précieuse santé. Ensuite, ils se prennent par les mains, les joignent ensemble et se frappent les paumes en cadence pendant quelques minutes. C'est la manière la plus polie de se dire bonjour.

Les enfants n'ont aucune idée d'une civilité quelconque. Ils passent le temps à s'égratigner, à se mordre ou à garder les troupeaux. Comme caresses ou marques d'affection, le père et le fils se grattent et se pincent mutuellement, c'est sans doute pour ne pas laisser perdre aux ongles les habitudes guerrières.

Comme leurs nombreux troupeaux attirent beaucoup de mouches, certains Masaï, pour se défendre contre la piqûre des insectes, portent une espèce de queue suspendue, par derrière, à la ceinture.

Ce complément de leur costume de cuir, d'ailleurs très-insuffisant, aura donné à un voyageur l'idée de faire une mauvaise plaisanterie, en disant, pour exciter l'intérêt de ses lecteurs, qu'il a vu des hommes à queue.

Il me reste à parler d'une plaie sociale, qui est commune non-seulement aux Masaï, mais en gé-

néral à toutes les peuplades dégradées de l'Afrique
orientale : j'ai nommé le Mganga, sorcier ou magicien.

Le Mganga, dont j'ai déjà parlé, est, en dehors
de ses fonctions religieuses, un personnage impor-
tant comme médecin. Les insignes de sa dignité
sont une corne d'antilope placée sur le front, couvert de graisse ou de beurre rance, et un chapelet
de coquillages suspendu au cou.

Assis sur un trépied en bois et peu embarrassé
du diagnostic que lui épargne le diable, dont il est
le représentant, il commence par débattre avec
son client le prix de la guérison, toujours calculé sur
la fortune du malade.

Afin de n'être pas frustré dans ses espérances,
il affirme par serment que pour obtenir la guérison, il faut mêler aux médicaments de la graisse
de chèvre, dont la tête et la poitrine lui appartiennent de droit. Quand il a reçu ses honoraires, il s'en
va les dépenser en vin de coco, après avoir fait
quelques frictions au malade ou déclaré, s'il ne
peut le guérir, qu'il est possédé d'un Pépo.

Le Mganga n'est pas seulement médecin : il est
prêtre, sacrificateur et devin. En ces qualités, il
pratique la divination, prédit les fléaux, lit l'avenir soit dans de petites baguettes magiques, soit dans
le vol des oiseaux ou dans le cri des bêtes sauvages.

Comme la moindre maladie est toujours attribuée au Pépo, on a recours à l'exorcisme du

Mganga. Il possède un si grand pouvoir que sa parole a force de loi, et que ses oracles sont des sentences de mort.

En temps de guerre, il aide sa tribu de toute sa puissance magique. Il prend une abeille, sur laquelle il prononce certaines incantations et la laisse envoler. Comme les ruches sauvages sont nombreuses, il arrive parfois que les guerriers non vêtus, sont dispersés par les abeilles. Ce fait est naturellement attribué aux magiciens.

La profession de Mganga est héréditaire dans les familles, et le plus habile des enfants y est préparé dès le bas âge. Le même fait se trouve dans l'antiquité païenne, dont les Mganga africains rappellent les augures et les aruspices. Satan ne change ni ne vieillit.

CHAPITRE XXVI

Après avoir décrit les mœurs des peuplades de
l'intérieur de l'Afrique, je vais terminer mon
récit par l'exposé sommaire des croyances et pratiques religieuses, de la majeure partie des peuplades voisines de la côte, depuis l'Abyssinie jusqu'au Mozambique.

Depuis le cap Guardafui, jusqu'au cap Delgado,
on croit en Dieu, qu'on appelle en souahili
Monggou. Or, chez les Souahili, les Mogindo et
les Miao, Monggou est le créateur de toutes choses.
Selon ces peuples, personne n'a jamais vu Dieu. Il
demeure en haut et tout s'est fait suivant sa volonté.

On reconnaît que Monggou est bon, mais on ne
s'occupe pas de lui. C'est à peine si dans les cérémonies religieuses, on chante parfois : « *Ombé Mon-*
ggou, priez Dieu. »

L'âme humaine est immortelle ; mais à peine
séparée du corps elle devient *Kivouli*, c'est-à-dire,

ombre, et s'en va *péponi* (dans la demeure des esprits). Comme nous l'avons vu plus haut, l'âme de la femme qui n'a point eu d'enfants, s'en va dans le feu *Modoni* (enfer), après sa mort.

Les âmes des défunts conservent de l'affection pour les personnes qu'elles aimaient sur la terre, et elles les protégent. Suivant une croyance populaire, l'âme d'une mère prend la forme d'une vache pour nourrir sa fille ; puis, métamorphosée en étoile, elle décide un roi à l'épouser.

Ces âmes sont si jalouses de vivre dans la mémoire des vivants, qu'elles leur apparaissent pour demander des cérémonies commémoratives. Ainsi, j'ai vu un riche souahili réunir plusieurs centaines de personnes et s'imposer de grandes dépenses en luminaire, pour faire danser en l'honneur de sa mère, le jour anniversaire de sa mort.

Le pauvre, qui n'a pas le moyen de faire une pareille dépense, met une poignée de riz sur le débris d'un vase, qu'il place à l'endroit où deux sentiers se croisent. Le premier jour de l'an appelé *Moaha* (année), les gens riches donnent un repas aux vieillards, pour honorer les personnes décédées dans le cours de l'année qui vient de finir.

Rien n'est mieux établi chez ces peuples que la croyance aux esprits. Selon leurs idées, il s'en agite un monde infini entre Dieu et l'homme. Je ne parlerai ici que des principaux, qui sont bons ou mauvais, selon le culte qu'on leur rend.

Les *Mzimous* sont les divinités des sources, des grottes, des montagnes, des ruines, des lieux favorisés des beautés de la nature, ou embellis par le travail de l'homme. J'ai vu à Tchemchem, à une lieue de Zanzibar, une source devant laquelle les noirs portent pour offrandes des chiffons, du piment, des morceaux de vases cassés et des grains, afin de rendre le génie de la source favorable.

On voulut d'abord m'empêcher d'approcher, en disant : Le dieu aquatique pourrait être contrarié de la vue d'un blanc et cesser de donner de l'eau. Ce scrupule ne m'arrêta point, et je pus contempler à loisir, mais avec peine, les offrandes faites au démon.

Les esprits tutélaires des champs, sont appelés *Mouvouos*. Ils sont noirs et de la taille d'un homme ordinaire. Les Mohadîmes leur bâtissent de petites chaumières, dans lesquelles ils ont soin de mettre souvent de la nourriture. Ils leur assignent même une partie de leurs champs ensemencés.

A la fin de la récolte, ils invitent ces esprits, au son du tambour, à faire la leur. Comme ces génies ne ramassent jamais leur part, on attribue cette négligence à leur générosité, ou à leur manque de besoins.

Secondée par le père du mensonge, l'ignorance populaire a aussi forgé l'existence de Kingouha. C'est un nain noir, couvert de poils et inoffensif, si on excepte sa passion d'égarer les voyageurs pendant la nuit. Prenant la contre-partie de l'ange gardien, ce malin esprit arrache des herbes avec lesquelles il trace un faux sentier. Dès que le voyageur est égaré, il se réjouit, triomphe de sa malice et en rit aux éclats.

Kingouha se nourrit des graines de certaines plantes légumineuses, dont il casse les gousses au moyen d'une petite pierre allongée. Cette pierre jouit d'une vertu merveilleuse pour guérir certaines maladies.

Si on veut s'emparer de cette pierre, il faut prendre Kingouha par les cheveux et le secouer fortement. La violence des secousses lui fait tomber la pierre des mains, alors il meurt et se transforme en animal.

Cette mythologie forme le symbole de nos pauvres noirs. Comme toute croyance religieuse conduit à des actes extérieurs, les mauvais esprits, toujours jaloux des honneurs divins, se font invoquer et honorer par des sacrifices.

Afin de les obtenir plus sûrement ils ont recours aux obsessions et aux possessions. Les scènes que je vais décrire en sont la preuve. Un Pépo s'introduit dans le corps humain et lui cause des douleurs si étranges, que les remèdes ordinaires sont impuissants à les soulager [1]. Le Mganga consulté déclare que le Pépo exige une danse ou un sacri-

---

[1] Tertullien constatait déjà la même tactique des esprits infernaux.

fice en son honneur. Il faut savoir que suivant les
traditions, chaque homme et chaque femme a son
esprit particulier. Les esprits des hommes, s'appellent *Malaiha*, et ceux des femmes, *Kitimiri*. Qui
ne verrait là une contrefaçon satanique de l'ange
gardien ?

Pour donner une idée des cérémonies diaboli-
ques exigées par les Péponi, je vais décrire la
danse de *Mana-Va-Mana*, en l'honneur du Kitimiri.

Après avoir examiné le malade, le Mganga lui
administre des remèdes qui restent sans effet. Alors
il prend du sable, le jette sur une planche, y trace
quelques figures qu'il étudie soigneusement et déclare que le malade est possédé d'un pépo.

Mais comme il existe plusieurs espèces de démons, dont chacune a ses prêtres ou sacrificateurs
particuliers, le Mganga pour savoir à quel prêtre
il faut s'adresser, examine de nouveau les figures
tracées sur la planche.

Bientôt il nomme le *Foundi*, ou prêtre qui doit
chasser le pépo. On se rend alors solennellement
auprès du Foundi, pour lui faire part de la consultation appelée *Tézamia*. Celui-ci répond : je vais
invoquer ce Pépo et lui demander quel sacrifice il
désire.

En attendant la réponse de l'esprit, le sacrificateur se rend auprès du malade et lui donne à boire,
pendant sept jours, une infusion de plantes aroma-

14

tiques. Pendant sept autres jours, il lui fait prendre des bains de vapeur, qui, renfermant certain narcotique, finissent par donner au patient tous les symptômes de l'ivresse.

C'est alors que le sacrificateur annonce l'arrivée de l'esprit. Aussitôt il commence à l'interroger et à marchander avec lui.

« Pourquoi tourmentes-tu ce malade ?

« — Parce que je veux un sacrifice.

« — Quel sacrifice veux-tu ?

« — Celui d'un bœuf.

« — Mais ne sais-tu pas que ce malade est pauvre, et que tu le ferais plutôt mourir que de lui faire donner un bœuf?

« — Eh bien ! puisqu'il est pauvre, je me contenterai d'une chèvre.

« — Mais il ne peut pas même te donner une chèvre. Patiente jusqu'à la récolte du riz. Alors le malade fera de la poterie et des nattes pour ramasser un peu d'argent, et tu seras honoré d'un sacrifice, d'une danse nocturne et d'un turban.

« — Cela suffit, répond le Pépo. »

Et il s'en va, ainsi que le sacrificateur. Le malade se rétablit généralement peu de temps après.

A l'époque fixée, le malade apporte au sacrificateur son salaire, consistant en deux piastres d'argent. Il y joint pour le sacrifice : une chèvre ; trois morceaux de toile blanche, dont l'un pour le turban, les deux autres pour le Foundi ; trois mesures de

farine pour le gâteau sacré ; sept petites tasses ; un
bol en faïence ; sept morceaux de cannes à sucre ;
sept œufs ; sept fleurs de nymphéa blanc, un peu
de miel ; un morceau de bois de sandal ; une natte
blanche ; deux mesures de riz pour la table du
Foundi, et quatre mesures pour celle des personnes
invitées [1].

Aussitôt le Foundi invite les *Varis* et les foundi
de kitimiri du voisinage : c'est-à-dire les initiés et
les prêtres de ce pépo. Le mot varis est le pluriel
du mot souahili *mari*, qui signifie *client* ou *initié*.

Ordinairement ces Varis sont des femmes. Afin
de rendre la description plus décente, je suppose
que l'initié ou le malade, qui offre le sacrifice, est
également une femme. Je le fais avec d'autant plus
de raison, que ces possessions démoniaques sont
plus fréquentes parmi les personnes du sexe.

Les Varis commencent par faire la toilette de la
nouvelle *Mari* ou initiée. Elles lui rasent la tête,
la lavent, lui enduisent le corps de poudre de sandal et le frottent de feuilles de roses. Avec une
pâte composée de sciure de bois, on lui trace sur
la tête diverses figures ; puis, on lui met deux vê-

---

[1] Ce récit donne lieu à deux remarques. L'emploi si fréquent
du nombre sept, est la caricature satanique de ce nombre
sacré, tant de fois usité dans l'Écriture. L'action plus directe du
démon sur la femme que sur l'homme, montre la haine particulière de Satan contre la femme par excellence, l'auguste Marie ;
et relie le fait *africain*, au fait des pythonisses de toute l'antiquité païenne.

tements blancs qu'elle-même a préparés d'avance.

Les soins de la parure terminés, les Varis s'occupent de la préparation du plateau qui doit servir au sacrifice. Elles pétrissent un gros gâteau qu'elles mettent au feu. Pendant la cuisson, chaque Vari, en commençant par la plus ancienne, plonge le doigt dans une pâte faite de poudre de sandal, et imprime sept marques sur le plateau du sacrifice.

Après y avoir mis sept morceaux de cannes à sucre, sept fleurs de nymphéa, sept épis de pandanus odoriférant, on le couvre de feuilles de basilic, et on range sur le contour, sept tasses, sept œufs, du miel et de l'encens. Au milieu du plateau on met le gâteau, sur lequel on place un bol rempli d'herbes aromatiques, soigneusement broyées.

Tous ces préparatifs accompagnés de chants particuliers, se font avec le sérieux solennel des cérémonies religieuses.

Les Varis vêtues de blanc sont coiffées de turbans de même couleur. Chacun de ces suppôts du démon a la figure barbouillée de rouge, de blanc et de noir, et porte à la main une queue de mule ou de zèbre. J'avoue que la première fois que j'ai vu ces femmes, ainsi travesties, je croyais voir des démons sortis de l'enfer ; car le portrait que j'en trace est bien pâle à côté de la réalité.

Tout étant prêt pour le sacrifice, la Vari la plus

ancienne rentre dans la salle en s'écriant : « *Taï-réni*; soyons prêts. — *Taïri, tai;* je suis prêt, » ré-pond le sacrificateur.

Aussitôt on apporte, processionnellement et en chantant, le plateau du sacrifice. On le dépose sur un tabouret, dans un coin de la salle, au milieu de laquelle est une nappe blanche, retournée sens dessus dessous.

Paraît ensuite la Mari qui s'avance chaussée de hauts souliers de bois. Elle est soutenue dans sa marche par trois Varis, dont la plus ancienne la fait asseoir et lever sept fois au milieu de l'appar-tement.

Lorsque la Mari est assise, les Varis qui l'ont conduite s'assoient dans l'ordre même de la marche. Un instant après, la doyenne dit de nouveau : *Taï-réni*. Le foundi répond : *Taïri tai,* et invite à com-mencer la cérrmonie les foundi étrangers, qui ordinairement déclinent cet honneur.

Le sacrificateur prend alors une petite clochette en fer, qu'il sonne sept fois, en la jetant et en la reprenant autant de fois. A cet instant commence la danse au son du tambour, et le spectateur devient témoin de scènes bien étranges.

Les danses africaines ayant, comme celles des autres pays, leurs pauses plus ou moins fréquentes, on chante, pendant ces interruptions autour de la Mari, des strophes bizarres et le plus souvent in-compréhensibles. Bientôt le foundi se démène agité par des mouvements de plus en plus violents, et le chant devient tout à fait lugubre.

Lorsque les cérémonies ont lieu pendant la nuit, elles ont quelque chose d'effrayant. La danse orientale si insolite pour l'Européen, l'aspect de la salle mal éclairée et remplie d'une foule silencieuse de fantômes blancs, qui font des contorsions convulsives, le sourd bruit des tambours, les chants qui parfois ressemblent au plain-chant de nos églises, frappent tellement l'imagination, qu'on est loin de rire d'un pareil spectacle.

On est, au contraire, profondément peiné de voir le démon, ce singe de Dieu, *Simius Dei*, selon l'expression de Tertullien, si bien honoré et si fidèlement servi.

Ordinairement le Pépo obéit à la voix de son ministre. Vers minuit, la Mari commence à se balancer de gauche à droite. Les tambours battent la mesure d'une manière plus précipitée. Une ronde de Varis se forme, et il ne reste au milieu de la salle que l'initiée et le sacrificateur.

On répète plusieurs fois, au son du tambour : « *Moana, Mavoua, Nakonita Pandé Mcima Nikouéné :* Dame fleur, on t'appelle, monte sur la montagne pour qu'on te voie. »

La Mari fait alors des mouvements plus brusques que jamais. La ronde des Varis, qui tournent à donner le vertige, s'accélère. Les tambonrs battent à se rompre.

La foule pousse des cris assourdissants, en disant :
« *Io, io! mgéni ; io, io! achoungoulieni mgéni,
io, io!* voilà! voilà l'étranger! Voyez l'étranger : le
voilà! le voilà! »

Au moment de l'apparition, la Mari demeure
sans mouvement. Un silence profond s'établit dans
toute l'assemblée, et le foundi entonne : « *Touombé
Monggou :* priez Dieu. »

Après la répétition faite plusieurs fois par le
chœur, il se ceint la tête d'une couronne de fleurs
de basilic, à laquelle il ajoute des enveloppes
foliacées d'épis de pandanus odoriférant. Ensuite
il dit : Priez Dieu; et tout chant et tout bruit
cesse.

Après un silence assez long, la Mari dit : Salut à
vous ; et personne ne répond. Trois fois de suite
elle reprend : Salut à vous, et trois fois l'assistance
s'incline. Ces saluts terminés, le foundi roule en
turban une pièce de toile blanche et en coiffe la
Mari.

La plus ancienne des Varis lui met au cou une
chaîne en argent, ou un chapelet blanc fait avec
de la verroterie ; puis, des bracelets à la main et au
pied gauches.

De son côté, le foundi prend une partie des
herbes bouillies dans le vase placé sur le gâteau,
les met dans une tasse, y ajoute du miel, un œuf, et
fait de tous ces ingrédients un mélange dont il
donne à goûter à la Mari. Les Varis vêtues de blanc

partagent le reste entre elles et mangent tout, même les fleurs de nymphéa.

A la fin de ce petit repas, contrefaçon satanique de la communion ou des agapes chrétiennes, on égorge la victime. Le foundi en recueille le sang, dont il asperge la malade. Il en boit une partie et donne le reste à boire aux Varis.

Sacrifiant ensuite à la Mari, ou plutôt à l'esprit qui la possède, le sacrificateur lui dit : « Te voilà honoré d'un sacrifice et d'une danse. Tu as de plus un beau turban ; dis-nous maintenant qui tu es. »

L'esprit répond par un mot en usage parmi les Pépo : *Goungoni nymphéa.* « Ce n'est pas assez, dit le foundi, si tu es un vrai Pépo, tu as un père et une mère, une famille et des ancêtres. » Le Pépo répond : « Je suis Goungoni, fille de Goungoni. Ma famille demeure à Mahri, elle descend de Mana-Vamouna, et nos ancêtres viennent de l'île de Pomba.»

Après cette déclaration, toutes les femmes présentes, qui sont en parenté avec l'esprit de la nouvelle initiée, se croient possédées. Elles l'entourent à l'envi et lui font mille caresses.

Pour montrer que le Pépo est bien dans la nouvelle Mari, le sacrificateur exige qu'elle fasse des choses surhumaines. S'adressant donc au Pépo, il lui dit : « Ce n'est pas tout. Tu es entré dans cette personne ; il faut que tu partages ses occupations sans te rebuter de rien. »

Immédiatement les tambours commencent à

battre. Le foundi fait lever la Mari et lui fait exécuter
en dansant, les travaux ordinaires de la vie. Ainsi,
elle va mesurer le riz, le piler, le laver en dansant;
nettoyer la vaisselle en dansant; attiser le feu en
dansant; lever de l'eau du puits et la porter à la
case, toujours en dansant.

Ces travaux terminés, on lui fait embrasser son
mari et ses enfants, au milieu de danses caracté-
ristiques, bizarres et parfois grotesques, qui se
prolongent jusqu'au matin. En ce moment, le sacrificateur et les anciennes initiées mangent la chèvre,
qui a servi pour le sacrifice.

Un dernier trait achève de donner à ces déplorables cérémonies le caractère religieux : c'est la
réunion en société des personnes qui appartiennent
au même esprit possesseur.

Les Varis ou possédées forment entre elles une
sorte de corporation, qui se manifeste par des secours mutuels. Une possédée vient-elle à tomber
malade? toutes les Varis vont la visiter et lui porter
des cadeaux. En cas d'incendie, toutes se cotisent
pour faire rebâtir la demeure de leur associée.

On se demande naturellement quelle peut être
l'origine de ces différentes cérémonies, en usage
chez toutes les peuplades riveraines de la côte
orientale, depuis l'Abyssinie, jusqu'au Mozambique. La réponse ne saurait être douteuse.

Pour ne parler que du culte rendu au Kitimiri,
qui ne verrait dans l'emploi si souvent, et si reli-

gieusement obser·é du nombre sept, dans l'usage
de la clochette, des vêtements blancs, du gâteau sacré, du plateau du sacrifice, de la procession, du
chant des strophes ; des mots *priez Dieu*, suivis
du silence ; de la toile blanche avec laquelle on
couvre la tête de la nouvelle initiée, de la nourriture qu'on lui donne à manger, des bracelets et
des chapelets : la contrefaçon satanique de nos
augustes cérémonies du baptême, de la confirma-
tion, du saint sacrifice de la messe, de la communion, peut-être même du mariage ?

Dans les temps reculés la religion aura été prê-
chée dans ces parages, où elle a fini par se perdre,
et l'habile singe de Dieu, faisant ici ce qu'il a fait
partout et toujours, aura détourné à son profit une
partie de nos rites sacrés.

Telle est, à mon avis, la seule explication rai-
sonnable des usages que je viens de décrire. Il en
est de même de beaucoup d'autres, dont je m'abs-
tiendrai de parler dans la crainte d'être trop long.

J'ajouterai seulement que ces pratiques superstitieuses agissent comme de puissants moteurs, sur
les mœurs de nos malheureuses populations de
l'Afrique orientale.

J'ai vu et je vois tous les jours des faits que je
ne puis raconter. On sent au cœur le poids d'une
immense douleur, à la vue de l'immense abandon
de tant de millions d'âmes qui demandent des
missionnaires.

CHAPITRE XXVII

Regrets et maladie des missionnaires. — Retour à Zanzibar. —
État moral de cette ville et du pays. — Nombre des esclaves.
— Leur sort. — Traits de cruauté. — Vœu du père Horner.

Comme compensation, Notre-Seigneur daigne
parfois inonder de délices le pauvre prêtre, qui a
tout quitté pour s'immoler au salut des âmes. Les
jours que j'eus le bonheur d'offrir l'auguste sacrifice de la messe à Tanga et ailleurs, où jamais
missionnaire catholique n'avait passé, je compris
parfaitement que saint François Xavier ait pu se
plaindre d'être inondé de trop de consolations.
Aussi nous éprouvions un véritable déchirement de
cœur à nous séparer de la grande terre africaine.
Mais le mois d'octobre touchait à sa fin, et nous
étions menacés des grands calmes du commencement de novembre.

De plus, le frère Marcellin et moi nous étions
tous deux pris de grosses fièvres, qui nous firent
renoncer à notre voyage de Pemba. Après avoir
reçu toute sorte de marques d'estime du chef et de
la population de Tanga, nous quittâmes ces braves
gens pour reprendre la route de Zanzibar.

Notre traversée ne dura que quatre jours et quatre nuits, mais à cause de notre maladie, ces quatre jours et quatre nuits nous parurent quatre siècles. Rester, lorsqu'on est malade, toute la journée assis sous un soleil de feu et passer la nuit sur le pont, où les vagues viennent vous tremper jusqu'aux os, est un vrai martyre.

Le frère Marcellin, dont la fièvre était bien constatée, l'avait coupée en partie avec du sulfate de quinine. Pour moi, qui avais passé près de quatre ans à Zanzibar, sans avoir ressenti le moindre accès de fièvre, je pris ce que j'éprouvais pour une simple irritation d'estomac.

Cependant je ne pouvais supporter aucune nourriture, et une soif ardente me dévorait. Pour l'apaiser, je priai le frère Marcellin de me faire de la tisane de riz. « Volontiers, mon père, me répondit-il ; seulement je ne sais quand vous pourrez l'avoir. Il n'y a pas de marmite disponible en ce moment. » Il était cinq heures du matin.

La réponse du frère m'étonnait beaucoup, lorsque Mousa vint m'en donner l'explication. « Père, me dit-il, les matelots ont été si paresseux que hier au soir, pas un n'a voulu faire cuire la nourriture du souper. Ils ont mieux aimé se coucher l'estomac vide, que de se donner la peine de préparer leur repas : ils s'en occupent maintenant. »

Cette paresse fait en deux mots le portrait du noir.

Voyant ma maladie empirer d'heure en heure, et privé de tout médicament, je commençai à croire que la mer deviendrait mon tombeau. Le jour, le vent était faible, et la nuit, bien entendu, on restait sur place; car au coucher du soleil on a toujours soin de carguer la voile.

Convaincu que deux ou trois jours de mer de plus m'empêcheraient de revoir Zanzibar, je fis un appel au cœur de notre capitaine, en le priant de naviguer la nuit afin d'arriver plus tôt. « *Naïfaï*, c'est impossible, » telle fut la réponse.

Après avoir parlementé assez longtemps, je lui promis, pour le décider, une récompense pécuniaire. « *Naïfaï*, me dit-il de nouveau, c'est impossible. Ce n'est pas l'usage de naviguer la nuit. »

En désespoir de cause, je fis appeler Mousa. Armé de sa faconde habituelle, il attaque le capitaine et réussit à le décider au voyage nocturne. C'était quelque chose d'admirable que l'éloquence du fils de Mahomet, faisant ressortir à merveille l'utilité du missionnaire catholique qui sacrifie sa vie pour son prochain.

« Comment, disait-il, tu seras comme un morceau de *fimbo* (bâton) à la vue de la maladie du Père, qui a été si bon pour toi ! Tu auras le cœur d'un chien (*moyo ja mboa*), à l'égard du Père, qui a guéri tant de malades ! En le laissant mourir ici par ta paresse, tu laisseras mourir beaucoup de noirs, qu'il aurait encore pu guérir, ou sauver en les

15

rachetant, et qui sait si, un jour, tu ne seras pas le premier à regretter de l'avoir laissé manger ici par les poissons, quand tu seras malade toi-même et que tu auras besoin de lui? »

Impressionné par ces paroles, le capitaine ordonna de hisser la voile triangulaire, ce qui nous permit d'arriver promptement à Zanzibar. Je ne vous dirai pas mon bonheur de revoir, après une si longue absence, les membres de la mission.

Afin de ne pas les effrayer, je refusai de me faire porter, et je me traînai, comme je pus, du bord de la mer à notre demeure. Mon premier besoin fut de me jeter sur un lit, que j'ai gardé pendant un mois. Grâce à Dieu, le frère Marcellin et moi, nous sommes aujourd'hui rendus à la santé.

Mousa et les matelots ont raconté une partie des péripéties de notre voyage aux Arabes et aux Européens. Tous conviennent que si nous n'avions pas eu des tempéraments bien solides, nous aurions infailliblement succombé. Nous avons eu en effet des privations et des épreuves de tout genre.

Tantôt c'était l'eau qui manquait, et il fallait mourir de soif. Tantôt c'était la nourriture, et il fallait se contenter de quelques morceaux de biscuit pourri par la pluie. Tantôt il fallait traverser à pied des rivières et des marais, et toujours continuer notre longue excursion, accompagnés de fièvres et de rhumatismes.

Il est certain que le bon Dieu nous a donné des

forces extraordinaires. Cette faveur rappelait prati-
quement les paroles de saint Paul : « *Omnia pos-
sum, in eo qui me confortat :* Je peux tout en
celui qui me fortifie. » A lui soit honneur et
gloire : *Soli Deo honor et gloria.*

Après mon rétablissement, j'ai rédigé ces notes
que je termine par un aperçu sur l'état moral de
Zanzibar, chef-lieu de notre mission. Pour connaître les fruits du paganisme et de l'islamisme, avec
toutes leurs horreurs, il suffit de se transporter à
la douane de Zanzibar, au moment du débarquement des pauvres esclaves.

Répétant ce que j'ai dit au commencement : je
défie le cœur le plus dur de regarder sans émotion
ces milliers de créatures humaines qui, sans distinction de sexe, arrivent, grands et petits, dans un
état de nudité complète. Tous sont d'une maigreur
indescriptible et semblables à des squelettes. L'œil
hébété, les bras serrés contre la poitrine, presque
mourants de faim et de soif, silencieux et tristes, ils
n'ont rien d'humain, si ce n'est l'expression d'une
profonde souffrance.

Combien de fois j'ai entendu de pauvres enfants,
ramenant sur leurs lèvres amaigries un reste de
forces, me dire avec un petit sourire : « Blanc,
achète-moi, chez toi j'aurai de quoi manger et je
serai heureux. » Mon cœur saignait lorsque j'étais
obligé de répondre : « Mon pauvre petit, je le vou-
drais bien ; mais je n'ai pas d'argent. »

Jeunes chrétiens et jeunes chrétiennes de l'ancien et du nouveau monde, enfants gâtés de la Providence, nous faisons un appel particulier à votre cœur. Venez, ah ! venez en aide à vos petits frères et à vos petites sœurs d'Afrique : ils sont dignes de votre intérêt.

Entre bien d'autres, écoutez le trait suivant. La variole est venue ravager Zanzibar, et notre maison n'a pas été épargnée. Pendant la durée du fléau, admirable a été le dévouement de nos enfants, de ces enfants qui, peu auparavant, étaient assis, tout décharnés, sur le marché aux esclaves.

Nos petites filles, devenues des sœurs de charité, étaient nuit et jour autour de leurs compagnes, dont quelques-unes ont été tellement maltraitées, par la maladie, qu'elles n'avaient plus de peau. Pour empêcher le linge de coller à leurs plaies, on était obligé d'envelopper ces petits êtres de feuilles de bananier.

Malgré cette infection, nos petites infirmières, de huit à quatorze ans, ne quittèrent jamais leurs pauvres compagnes, et ne montrèrent jamais la moindre répugnance. Ayant vu les sœurs agir de la sorte, elles voulurent les imiter.

Tant il est vrai que l'exemple est contagieux et que la religion forme promptement, dans les âmes dociles, les sentiments de la charité la plus héroïque.

A tout moment il fallait renouveler l'opération et sentir l'infection, que répandent les corps rongés

par la variole. Nous avions, entre autres, une pauvre petite fille de quatre ans, dont les plaies ren-
daient une odeur cadavérique, telle que je n'ai rien
trouvé de plus fort parmi les lépreux de Bourbon,
dont j'ai été l'infirmier pendant plusieurs années.

Les petits garçons donnèrent aussi une preuve touchante de leur dévouement. Pour remplir les vides
que l'épidémie avait faits dans leurs rangs, ils se
cotisèrent et parvinrent à trouver de quoi acheter
quatre petits garçons.

Les larmes me vinrent aux yeux, lorsque, revenant de faire emplette au marché, je les vis recevoir en triomphe ces quatre petits noirs, qui n'en
pouvaient croire leurs yeux. Jamais, à coup sûr, ils
ne s'étaient trouvés à pareille fête.

Aussi, en se voyant vêtus, pour la première fois
de leur vie, d'un pantalon et d'une blouse, ils se con-
templèrent du haut en bas ; et au milieu des caresses
de leurs nouveaux camarades, ils s'écriaient à n'en
plus finir : « *Hapa gêma, hapa mzouri, nataka ka
hapa :* Il fait bon ici, ici c'est joli ; je veux rester ici.
— *Hapa gêma capissa :* Ici il fait bon tout à fait, »
leur fut-il répondu par leurs jeunes bienfaiteurs.

Ces spectacles consolent le missionnaire et prou-
vent aux âmes charitables que leurs aumônes produisent au centuple. Mais hors de notre maison,
placée comme une oasis, au milieu du désert, on
ne trouve que des sujets de tristesse.

Ainsi la population totale de l'île de Zanzibar

s'élève à 380,000 âmes. D'après les chiffres officiels du consulat de France, elle se décompose de la manière suivante : 5,000 Arabes ; 5,000 Comoréens ; 2,600 Indiens ; 400 Banians. Total : 15,000 personnes libres.

L'île de Zanzibar renferme donc 365,000 esclaves, maintenus dans les fers de la servitude par 5,000 Arabes, seuls maîtres du pays.

Pour trouver un fait semblable, il faut remonter aux républiques, si impudemment vantées, de l'antiquité païenne.

Quel est le sort de cette multitude d'esclaves, après qu'ils ont été achetés par des maîtres plus ou moins humains? Achetés comme un bétail, ils ont à peu près le sort du bétail. L'esclave travaille cinq jours de la semaine pour son maître, qui ne lui donne, si c'est à la campagne, ni nourriture ni vêtement. Deux jours de la semaine, le jeudi et le vendredi, il peut travailler pour lui, afin de gagner de quoi se nourrir et se vêtir.

Les esclaves qui travaillent en ville, chez les Européens ou chez les négociants, gagnent huit sous par jour. Sur ces huit sous, le maître en prend six, et en laisse deux à l'esclave, pour sa nourriture et son vêtement. On parle en Europe de l'exploitation de l'homme par l'homme : la voilà.

Aucune loi ne protége l'esclave. Son maître a droit de vie et de mort sur lui. Aussi les exemples d'une cruauté inouïe ne sont pas rares.

Je connais un Arabe qui avait deux esclaves, qui mouraient presque de faim. Pressés par le besoin, ces malheureux prennent un peu de manioc, qu'on pourrait appeler les pommes de terre d'Afrique. Ils le dévorent avidement.

Que fait le maître ? Il ordonne de creuser un trou dans le sable, y place les deux esclaves, les entoure de bois et d'herbes sèches, y met le feu et brûle vifs ces pauvres gens.

Le barbare en a été quitte pour huit jours de prison. Encore ne lui ont-ils été infligés que pour la forme, afin de donner satisfaction aux Européens qui avaient demandé un châtiment exemplaire.

Je ne finirais jamais, si je voulais raconter toutes les horreurs et tous les abus de l'esclavage. Là où cette plaie sociale règne en souveraine, le malheur est sans limite et le crime sans frein. L'Arabe arrache un enfant des bras de sa mère pour le vendre, puisque tous les produits quelconques de ses esclaves lui appartiennent. Il vend les appas d'une vierge, puisque chez lui tout doit rapporter de l'argent.

Que dirai-je de ces pauvres vieillards qu'on porte vivants au cimetière, puisqu'ils sont incapables de travailler et qu'on ne veut rien dépenser pour les nourrir ? Tel est le sort de l'esclave qui ne peut plus rien gagner pour son maître. Ces actes de cruauté sont assez fréquents, pour que nous ayons pu trouver, le même jour, jusqu'à quatre vieillards jetés au cimetière par leurs maîtres inhumains.

Mais on ne jette pas seulement des vieillards au cimetière, on y jette encore des enfants malades qu'on désespère de guérir. Nous avons à la Mission un certain nombre de ces petites créatures, que nous avons ramassées au cimetière. Je termine par un trait dont je viens d'être témoin et qui mettra le cachet à tout ce qui précède.

Il y a quelques jours, revenant de la campagne, je trouvai étendue, sur le chemin, une pauvre vieille femme dont le dos était tout labouré par des coups de bâton. Je lui demande la cause de ces mauvais traitements.

Elle me répond : « Mon maître m'a chassée puisque je suis vieille et que je ne peux plus travailler ; va-t'en, m'a-t-il dit, mourir au cimetière. Comme la faim me tourmentait, je suis retournée chez lui. Ma vue l'a mis en fureur, et il m'a accablée de coups de bâton pour me faire partir. J'ai frappé à la porte des voisins, demandant un peu de nourriture. Pour toute réponse j'ai reçu des coups de bâton : abandonnée de tout le monde, je n'ai plus qu'à mourir. »

Touché de compassion à ce récit, malheureusement trop vrai, je lui dis : « Pauvre femme, voulez-vous venir dans notre maison, où vous recevrez de quoi manger. — Oh ! oui, me dit-elle, en joignant les mains pour me remercier, *Marhaba Nataka :* Merci, je le veux bien, mais je ne puis marcher. »

Éloigné de la ville, et sur le point d'être surpris par la nuit, je parcours les environs pour chercher des hommes capables de porter la pauvre femme, qui pouvait à peine se tenir debout. J'en trouve deux.

A la vue de la pauvre vieille, mes prétendus porteurs se mettent à rire à gorge déployée et me disent : « Les blancs sont drôles. Ils ne connaissent ni le pays ni ses habitants. Jamais vous ne réussirez à engraisser cette vieille, de manière à pouvoir la revendre : elle est trop malade pour cela. »

Plus peiné que surpris de ces étranges paroles, je leur répondis que ce n'était pas pour gagner de l'argent que je voulais faire soigner cette pauvre créature, mais uniquement par charité et pour l'amour de Dieu. Ils se mettent à rire encore plus fort, en me disant : « Mais vous ne voyez donc pas que c'est une vieille carcasse, dont vous ne pourrez rien tirer ? »

Je leur parle du ciel, de l'âme ; et leur réponse fut toujours la même : « Vous ne pourrez pas revendre cette femme ; elle est trop vieille. Vous ne la guérirez pas. Vous perdrez votre argent en lui donnant à manger, attendu qu'elle va mourir. »

Malgré l'argent que je leur promis, aucun d'eux ne consentit à la porter. Pendant que je parlementais avec ces misérables pour leur inspirer un peu de compassion, il en est un qui prit un bâton dont il frappa fortement la malheureuse créature, en disant : « *Nenda oupessi :* Va-t'en bien vite. »

Je ne cacherai pas que je lui arrachai le bâton avec force, et qu'il fallut me faire une violence extrême pour ne pas lui en faire goûter les caresses, car le sang me bouillonnait dans les veines.

J'adressai à cet être sans entrailles les reproches les plus vifs, dont il se mit à rire. Ne pouvant moi-même emporter cette pauvre vieille esclave, je dus l'abandonner. Malheureusement je ne pus la retrouver le lendemain.

Entre mille, ce trait peint le pays, à la régénération duquel nous sommes appelés. Qu'on ne parle ni de charité, ni même d'humanité en dehors du christianisme. Ah ! si l'Europe pouvait voir de ses yeux ce que je vois, sentir ce que je sens au spectacle de la dégradation morale de ces pauvres peuples, comme elle viendrait à leur secours !

On estime à près de cent millions la population totale du continent africain.

Voilà donc cent millions de créatures raisonnables à tirer de l'abrutissement, de la misère et de l'esclavage avec toutes ses horreurs.

Voilà cent millions d'âmes, rachetées comme nous du sang de Jésus-Christ, à régénérer et à sauver.

Quel objet plus digne du zèle des cœurs généreux !

Des ressources donc et encore des ressources.

Des prières et encore des prières.

Des missionnaires et encore des missionnaires.

FIN.

TABLE DES MATIÈRES

ŒUVRES

DE

MGR GAUME ⁽¹⁾

I. — **Le Catéchisme de Persévérance**, 9e *édition*, 8 vol. in-8 (35 fr.), véritable trésor de doctrine recommandé à son apparition par le souverain Pontife, patronné par neuf évêques français, adopté aujourd'hui dans la plupart des diocèses pour les établissements d'éducation, a vite pénétré au sein des familles catholiques, où il n'a cessé d'être lu et relu comme un des plus complets et des plus intéressants exposés de la Religion depuis le commencement du monde jusqu'à nos jours.

« La doctrine du Catéchisme de persévérance, a dit

(1) Paris, Gaume frères et J. Duprey, éditeurs, 3, rue de l'Abbaye.

S. É. Mgr Donnet, archevêque de Bordeaux, est puisée
aux meilleures sources ; son style est clair, attachant,
vif et pénétrant. Le plan en est vaste et embrasse à la
fois l'histoire du christianisme et des ordres religieux,
l'exposition des dogmes, l'explication de la morale, des
sacrements et des cérémonies de l'Église ; la méthode
employée par l'auteur est celle qu'ont suivie avec tant
de succès les Pères grecs et latins, celle enfin que Fé-
nelon et plusieurs grands évêques désiraient qu'on fît
revivre parmi nous. »

L'Abrégé du Catéchisme de Persévérance, 1 vol.
in-18, 29ᵉ *édition* (1 fr. 80), le **Catéchisme des Mères**,
1 vol. in-18 (80 cent.), et le **Petit Catéchisme des
Mères**, 1 vol. in-32 (30 cent.), sous une forme simple
et concise, présentent d'une manière très-complète la
Religion dans son ensemble et dans l'admirable en-
chainement de ses parties.

Ces trois abrégés vont se développant avec les différents
âges, tout en suivant le même plan ; ils ont ainsi l'inap-
préciable avantage d'une marche parfaitement uniforme dans l'instruction religieuse.

II. — **La Révolution**, 12 vol. in-8 (42 fr.), traduite dans
les principales langues de l'Europe, est un riche ar-
senal de faits et de preuves accumulés par une prodigieuse érudition pour dévoiler et combattre dans ses
causes et dans ses effets le mal qui mine la société mo-
derne. Toujours appuyé sur l'histoire, l'auteur expose
de temps en temps et toujours à propos son sentiment
sur les hommes et sur les choses avec une hauteur de

vues et une fermeté de coup d'œil qui rappelle de Maistre et Donoso Cortès.

III. — **Les Trois Rome**, 3ᵉ *édition*, 4 vol. in-12 (16 fr.), viennent d'être enrichies de notes qui, tout en conservant à la nouvelle édition le texte primitif, signalent les principaux changements survenus depuis le premier voyage de l'auteur. « Cet ouvrage de Mgr Gaume, dit M. Louis Veuillot, fruit d'un travail intelligent, et d'une vaste lecture, est le plus complet. C'est le vrai guide religieux dans Rome et dans l'Italie. »

L'Histoire des Catacombes, 1 vol. in-8 (6 fr.), conduit pour ainsi dire par la main le voyageur catholique dans la glorieuse cité des martyrs, et lui fait parcourir dans tous les sens, voir, comprendre ce chef-d'œuvre de la Ville éternelle.

IV. — **Le Ver rongeur**, 1 vol. in-8 (6 francs), et les **Lettres à Mgr Dupanloup sur l'Éducation**, 1 vol. in-8 (5 fr.), signalent, dès 1851, l'urgence des réformes sans lesquelles l'éducation, même avec l'enseignement libre, resterait complice des malheurs de la France.

Où allons-nous ? 1 vol. in-8 (2 fr. 50), publié en 1864, mettait sous nos yeux la peinture lamentable et trop véridique de l'état désastreux où l'éducation toute païenne des deux derniers siècles et l'éducation impie du siècle actuel ont réduit la France et l'Europe.

L'éminent et infatigable prélat vient de donner à cet

ouvrage son complément par la publication de :

Où en sommes-nous ? 1 vol. in-8 (5 fr.). « Cette très-re-
marquable étude sur les événements de 1870-1871 nous
montre, dit la *Revue de l'Enseignement chrétien* (n° de
novembre), un talent qui ne sait pas descendre, un
zèle qui ne se ralentit pas, une perspicacité qu'on ne
peut prendre en défaut. »

V. — **Le Traité du Saint-Esprit**, 2ᵉ *édition*, 2 vol.
in-8 (12 fr.), est, au jugement unanime des principaux
organes de la presse, un des ouvrages les plus impor-
tants qui aient été publiés depuis le traité du *Pape*,
par le comte de Maistre.

D'une forme littéraire en harmonie avec la richesse du
fond, le *Traité du Saint-Esprit*, à la phrase lucide,
alerte et précise, aux beautés fortes et sévères, a été
composé pour quatre motifs principaux : la *gloire du
Saint-Esprit*, qui n'est plus assez connu ; *l'avantage du
clergé*, qui a pour mission de le faire connaître, mais
qui peut justement se plaindre de la pénurie d'ouvrages sur le Saint-Esprit ; le *besoin des fidèles*, pour
qui l'on ne multiplie pas assez les instructions sur la
troisième personne de la sainte Trinité ; enfin, l'*intérêt
de la société*, qui, dominée aujourd'hui par tant de
préjugés et d'erreurs inspirés par l'Esprit du Mal, n'a
jamais eu un plus grand besoin de l'assistance de
l'Esprit du Bien.

VI. — **Le Manuel des Confesseurs**, 9ᵉ *édition*, 1 vol.
in-8 (6 fr.), est un précieux recueil des meilleurs ouvrages qui ont paru sur la direction des âmes. « Nous

applaudissons avec une véritable joie, dit S. É. Mgr
Donnet, à l'heureuse idée qui a porté Mgr Gaume à
réunir en forme de manuel les conseils qu'une sagesse
plus divine qu'humaine avait dictés à saint Liguori, à
saint Charles, à saint François de Sales, à saint Phi-
lippe de Néri, à saint François Xavier. Nous donnons
de grand cœur notre approbation à ce Manuel et nous
en conseillons la lecture à tous les prêtres de notre
diocèse.»

VII. — Voici la liste de plusieurs petits traités de
Mgr GAUME, qui ont reçu de la presse catholique les
élo.es les plus flatteurs, et du public l'accueil le plus
sympathique :

Bethléem ou l'école de l'Enfant Jésus, petites visites
à la crèche, pour le temps de Noël, d'après SAINT
ALPHONSE DE LIGUORI. 1 vol. in-18... .... 1 50

Credo ou Refuge du Chrétien dans les temps actuels.
1 vol. in-18............................... » 80
Ce petit traité fait connaître l'existence, la nécessité, la
sûreté de ce refuge, afin qu'aux heures du péril le
chrétien s'y mette à couvert, certain d'échapper à
toutes les attaques de ses ennemis, si perfides ou si
violents qu'ils soient.

Horloge de la Passion. 19ᵉ *édition.* 1 vol. in-18. 1 30
Ce livre est en effet une horloge. Là se trouvent comptées
une à une toutes les heures de la longue agonie du
Rédempteur pendant laquelle s'accomplissaient un à
un les nombreux oracles des prophètes et s'épuisait
goutte à goutte le calice amer au fond duquel étaient

la mort de l'Homme-Dieu et la vie du genre humain.

Judith et Esther, mois de Marie du XIXe siècle.
1 vol. in-18............................. 1 30

La Profanation du Dimanche, considérée au
point de vue de la Religion, de la Société, de
la Famille, de la Liberté, du Bien-Être, de la
Dignité humaine et de la Santé. 3e *édition.*
1 vol. in-18............................. 1 30

La Religion dans le temps et dans l'éternité.
1 vol. in-18............................. 1 30

La Vie n'est pas la Vie. 1 vol. in-18........ 2 »

L'Eau bénite au XIXe siècle. 3e *édition,* précé-
dée du bref du Souverain Pontife à l'auteur, et
d'une lettre du cardinal Altieri. 1 vol. in-18.... 2 »

Le Grand Jour approche. 16e *édition.* 1 vol.
in-18............................. » 90

Le Seigneur est mon partage. 7e *édition.* 1 vol.
in-18............................. » 90

Le Signe de la Croix au XIXe siècle, contenant
un bref de S. S. Pie IX, qui attache au Signe de
la Croix une indulgence de 50 jours. 4e *édition,*
1 vol. in-18............................. 2 »

Suéma ou la Petite Esclave africaine enterrée
vivante, histoire contemporaine. 1 vol. in-18. 1 30

VIII.— **L'Histoire du Bon Larron,** 1 vol. in-12 (3 fr.),
est aussi complète et aussi intéressante qu'elle peut

l'être. L'Évangile contient à peine quelques lignes au sujet du Bon Larron.

En les développant avec autant de science que de sagacité, en les complétant par des milliers de témoignages empruntés à l'Écriture sainte, aux Pères de l'Église, aux historiens juifs, aux auteurs païens, le savant auteur a trouvé matière à l'exposition d'une foule de détails extrêmement curieux et instructifs, et découvert la méthode tout à la fois ingénieuse et attrayante de souder l'histoire sacrée à l'histoire profane.

JOURNAL [1]

d'un

MISSIONNAIRE

AU TEXAS ET AU MEXIQUE

PAR

L'abbé E. DOMENECH

1846-1852

3e édition, avec carte. 1 vol. in-12. 4 fr.

———

Dans la première partie de ce journal, l'auteur s'attache particulièrement à mettre en relief la vie privée du missionnaire, ses épreuves secrètes, ses souffrances morales et physiques.

Dans la seconde partie, il se limite à une description des mœurs, coutumes et usages des populations américaines et mexicaines qui habitent les deux rives du Rio-Grande. Quoiqu'il se soit borné à présenter des observations personnelles

[1] Paris, GAUME FRÈRES ET J. DUPREY, éditeurs, 3, rue de l'Abbaye.

et à narrer des faits qui se sont passés autour de lui, on peut appliquer ses remarques non-seulement à tous les États nouveaux de l'Union américaine, mais encore à la plupart des États du centre et de l'ouest de l'Union.

Ce livre, dans lequel on reconnaîtra un homme impartial, qui ne raconte que ce qu'il a vu, entendu et éprouvé, ne peut manquer d'attirer l'attention de ceux qui aiment les vrais et naïfs récits.

Ame profondément impressionnable, nature vive, spontanée, soudaine, poétique, l'abbé Domenech a mis dans ces pages un charme indéfinissable. En lisant certains passages de ses touchantes confidences, on croit avoir sous les yeux les incomparables *Prisons* de Silvio Pellico.

PUBLICATION NOUVELLE

HISTOIRE NATIONALE [1]

DES

NAUFRAGES

ET

AVENTURES DE MER

PAR

CHARLES D'HÉRICAULT

— PÉRIODE CONTEMPORAINE —

1 vol. in-12..................... 3 fr.

M. Charles d'Héricault a réuni, dans ce volume, suivant l'ordre chronologique, les récits
des principaux naufrages dont nos navires ont
été victimes, ou qui ont eu lieu sur nos côtes,
depuis le commencement du siècle jusqu'en 1830.

Ce sont, le plus souvent, les acteurs de ces
drames maritimes qui nous racontent toutes les
péripéties de leurs luttes héroïques, leurs souffrances et leur sauvetage providentiel.

(1) Paris, GAUME FRÈRES ET J. DUPREY, éditeurs, 3, rue de
l'Abbaye.

Quand il a dû suppléer à l'absence de narrations faites par les marins eux-mêmes, ou qu'il n'en a trouvé que d'incomplètes, M. d'Héricault est allé puiser aux sources les plus authentiques pour rédiger son récit. Il s'est bien gardé de rien ajouter, par des détails imaginaires, au dramatique des narrations prises dans toute leur simplicité.

C'est ainsi qu'il a réussi à nous donner un livre plus émouvant que tous les romans, et qui a en même temps le sérieux d'une œuvre historique.

Il n'est pas possible, en lisant ce recueil, de se soustraire à la salutaire influence de ces scènes magnifiques, où l'on voit, comme dans un seul tableau, les malheurs les plus cruels, le courage et l'énergie au milieu des dangers, en face de la mort, la patience au milieu de privations et de douleurs inouïes, la résignation et la confiance en Dieu qui paraît là, plus que partout ailleurs, le Maître souverain de nos destinées.

L'*Histoire nationale des naufrages*, bonne et attachante pour tous, sera particulièrement appréciée des marins et des militaires. Elle a aussi sa place marquée dans les bibliothèques d'ouvriers et d'apprentis.

CORBEIL. — Typ. et stér. de CRÉTÉ FILS.

Imprimé en France
FROC022050270520
24120FR00014B/384

9 782019 161347